Leitfaden der Rechtswissenschaft
Band 4

Bürgerliches Gesetzbuch
Viertes Buch

Familienrecht

von

E. Kummerow
Rechtsanwalt und Notar

Berlin 1947

Walter de Gruyter & Co.

vormals G. J. Göschen'sche Verlagshandlung — J. Guttentag, Verlagsbuchhandlung — Georg Reimer — Karl J. Trübner — Veit & Comp.

Archiv-Nr. 23 15 47/4
Druck: Otto Walter, Berlin SW 29, Urbanstraße 71

Inhaltsverzeichnis

I. Abschnitt. Bürgerliche Ehe.

II. Abschnitt. Verwandtschaft.

III. Abschnitt. Vormundschaft.

Gesetz über die Ehe.

Anhang.

Bürgerliches Gesetzbuch.

Viertes Buch.

Familienrecht.

1. Abschnitt. Bürgerliche Ehe.

1. Titel. Verlöbnis.

(§§ 1297 bis 1302).

Verlöbnis im Sinne der §§ 1297 ff. bedeutet nicht den Zustand des Verlobtseins, sondern den Austausch von Versprechen zwischen 2 Personen verschiedenen Geschlechts, die Ehe miteinander eingehen zu wollen.

Derartige Versprechen verpflichten nur moralisch. Keiner der Beteiligten kann durch Klage und Gerichtsurteil gegen den anderen den Vollzug des Versprechens erzwingen (§ 1297 Abs. 1).. Auch ein indirekter Zwang durch das Versprechenlassen einer Konventionalstrafe für den Fall des Unterbleibens der Eheschließung ist unmöglich, da das Versprechen einer Konventionalstrafe für diesen Fall nichtig ist (§ 1297 Abs. 2).

Da aber das BGB. das Verlöbnis an sich anerkennt, knüpft es auch an seine Auflösung Rechtswirkungen. Wer solche Rechtswirkungen geltend macht, muß im Streitfalle beweisen, daß wirklich ein Verlöbnis vorlag.

Ob ein Verlöbnis im Einzelfalle vorliegt, ist Tatfrage. Voraussetzung: Ernstgemeinte Eheversprechen von Menschen im Vollbesitz geistiger Kräfte, also nicht von Kindern und Geisteskranken; äußere Anzeichen: Austausch von Ringen, Mitteilung an Eltern, Verwandte oder Bekannte u. a.

Ein Verlöbnis wird aufgelöst, wenn es nicht zur Ehe führt,

1. durch den Tod oder die Todeserklärung eines Verlobten,
2. durch seinen Rücktritt vom Verlöbnis.

Der Rücktritt kann

a) willkürlich sein oder

b) durch einen wichtigen Grund bedingt sein.

Was als wichtiger Grund anzusehen ist, bestimmt vernünftige vorurteilslose Ueberlegung. Gründe, welche die Anfechtung einer Ehe ermöglichen, können zum Vergleich herangezogen werden, sind aber für den Rücktritt vom Verlöbnis zu eng. Wichtiger Grund ist jedenfalls ein erhebliches Verschulden des anderen Teils (§ 1299).

Rechtswirkungen der Auflösung des Verlöbnisses in allen Fällen:

Gegenseitige Verpflichtung zur Herausgabe der Geschenke und Zeichen des Verlöbnisses (§ 1301 S. 1).

Ausnahme — im Zweifel — bei Auflösung des Verlöbnisses durch Tod, da in diesem Falle sonst die Erben des Toten die Nutznießer wären (§ 1301 S. 2).

Besondere Rechtswirkungen der Auflösung bei willkürlichem (unbegründetem) Rücktritt:

Schadensersatzansprüche des anderen Verlobten, seiner Eltern und dritter Personen, die anstelle der Eltern gehandelt haben (z. B. Pflegeeltern, Vormund) und zwar für Aufwendungen, die sie in Erwartung der Ehe gemacht haben oder für Verbindlichkeiten, die sie in Erwartung der Ehe eingegangen sind, aber nur soweit Aufwendungen oder eingegangene Verbindlichkeiten angemessen waren (§ 1298 Abs. 1 S. 1, Abs. 2).

Darüber hinaus Anspruch des anderen Verlobten auf Ersatz des Schadens, den er dadurch erleidet, daß er in Erwartung der Ehe sonstige sein Vermögen oder seine Erwerbsstellung berührende Maßnahmen getroffen hat (z. B. Verdienstausfall durch Aufgabe einer Stellung, nicht aber Verzicht auf eine „bessere Partie").

Weiterer Anspruch der unbescholtenen Verlobten auf billige Entschädigung gemäß § 1300 wegen Gestattung der Beiwohnung, also eine Art Schmerzensgeld wie in § 847 Abs. 2.

Die Ansprüche aus §§ 1298—1301 verjähren in 2 Jahren von der Auflösung des Verlöbnisses an (§ 1302).

2. Titel. Eingehung der Ehe.
(§§ 1303 bis 1322).

3. Titel. Nichtigkeit und Anfechtbarkeit der Ehe.
(§§ 1323 bis 1347).

4. Titel. Wiederverheiratung im Falle der Todeserklärung.
(§§ 1348 bis 1352).

Die Vorschriften dieser Titel sind durch das Gesetz über die Ehe vom 20. Februar 1946 aufgehoben. An ihre Stelle sind die Vorschriften des Gesetzes über die Ehe vom 20. Februar 1946 (Recht der Eheschließung, S. 85 ff.) getreten.

5. Titel. Wirkungen der Ehe im allgemeinen.

Grundsatz: Keine Beschränkung der wirtschaftlichen und persönlichen Freiheit der Eheleute, soweit nicht das Wesen der ehelichen Lebensgemeinschaft einen Verzicht auf persönliche und wirtschaftliche Unabhängigkeit verlangt oder infolge der güterrechtlichen Verhältnisse Verfügungsbeschränkungen bestehen.

Die Wahrung der ehelichen Lebensgemeinschaft dem anderen Ehepartner gegenüber ist Rechtspflicht jedes Ehegatten (S 1353). Die Verpflichtung bedeutet, daß jeder Ehegatte dem anderen Teil gegenüber sein Verhalten so einrichten muß, wie es dem Wesen einer Ehe entspricht, (z. B. Verpflichtung zur häuslichen Gemeinschaft, zur Geschlechtsgemeinschaft, zur ehelichen Treue, Beistandsleistung u. a.). Verletzung der Verpflichtung zur ehelichen Lebensgemeinschaft im konkreten Falle kann entweder Grund für eine Scheidungsklage sein, wenn einer der Tatbestände der §§ 42, 43 des Ges. über die Ehe vorliegt oder sie gibt dem Verletzten einen klagbaren Anspruch auf Herstellung der ehelichen Lebensgemeinschaft, d. h. einen klagbaren Anspruch auf ein bestimmtes Tun oder Unterlassen des anderen Teils. Keine Vollstreckbarkeit des Urteils, da seine Erfüllung in der Regel ausschließlich vom Willen des Verurteilten abhängt (§ 888 ZPO.).

Die Verpflichtung zur ehelichen Lebensgemeinschaft besteht nicht,

wenn ein bestimmtes Verlangen des anderen Teils Mißbrauch seines Rechtes ist (§ 1353 Abs. 2 S. 1) oder

wenn der verpflichtete Teil einen Scheidungsgrund hat, vorausgesetzt, daß es diesen nicht durch Verzeihung oder nicht fristgemäße Geltendmachung verloren hat (§ 1353 Abs. 2, S. 2 und 3).

Einzelwirkungen der Ehe.

1. Das Recht des Mannes, in allen das gemeinschaftliche eheliche Leben betreffenden Angelegenheiten (nicht in persönlichen Angelegenheiten der Frau) zu entscheiden, insbesondere Wohnort und Wohnung zu bestimmen. Keine Verpflichtung der Frau, der Entscheidung Folge zu leisten bei Mißbrauch dieses Rechts des Mannes. Was als Mißbrauch anzusehen, bestimmt vernünftige Ueberlegung unter Berücksichtigung des Wesens der Ehe. (§ 1354). Der juristische Wohnsitz der Frau richtet sich nach dem Wohnsitz des Mannes (§ 10).

2. Die Frau erhält den Familiennamen des Mannes. (§ 1355). Sie behält ihn auch nach Auflösung der Ehe durch Tod des Mannes oder Gerichtsurteil (§ 54 des Ges. über die Ehe). Wegen Wiederannahme des eigenen Familiennamens oder eines in früherer Ehe erworbenen Namens, wegen Untersagung der Namensführung durch den Mann (vgl. §§ 55 bis 57 des Ges. über die Ehe).

3. Berechtigung und Verpflichtung der Frau, das gemeinschaftliche Hauswesen zu leiten. Soweit hiermit ein Entscheidungsrecht über Angelegenheit des gemeinschaftlichen ehelichen Lebens verbunden ist, geht das des Mannes nach § 1354 vor (§ 1356).

Zu eigener Arbeit im Hauswesen oder auch im Geschäft des Mannes ist die Frau nur verpflichtet, wenn dies nach den Verhältnissen üblich ist, unter denen die Ehegatten leben (§ 1356 Abs. 2).

Anspruch auf Vergütung für ihre Arbeit im Hauswesen oder Geschäft hat die Frau nicht.

Den selbständigen Betrieb eines Gewerbsgeschäftes kann der Mann der Frau nur im Falle eines sonst unlösbaren Konfliktes mit ihren Verpflichtungen aus der ehelichen Lebensgemeinschaft verbieten.

4. Schlüsselgewalt der Frau, d. h. das Recht der Frau, innerhalb ihres häuslichen Wirkungskreises die Geschäfte des Mannes für ihn zu besorgen und ihn zu vertreten (§ 1357, Ergänzung zu § 1356). Schlüsselgewalt setzt also Zusammenleben der Ehegatten voraus. Aus solchen Geschäften wird der Mann und nur der Mann berechtigt und verpflichtet. Beim Vorliegen eines wichtigen Grundes (in der Regel Verschwendung der Frau) kann der Mann die Schlüsselgewalt der Frau beschränken oder ausschließen (§ 1357 Abs. 2). Zur Wirksamkeit der Beschränkung oder Ausschließung gegenüber dritten ist ihre Eintragung im Güterrechtsregister erforderlich (§§ 1435, 1561 Abs. 1).

5. Recht des Mannes, Verträge fristlos zu kündigen, in denen sich die Frau zu persönlichen Leistungen dritten gegenüber verpflichtet hat. (Dienstverträge, §§ 611, 613). Voraussetzung aber Ermächtigung des Mannes zur Kündigung durch das Vormundschaftsgericht und Bestand der häuslichen Gemeinschaft, in deren Interessen das Kündigungsrecht begründet ist. Im einzelnen s. § 1358. Soweit die Frau auf Grund von Vorschriften des öffentlichen Rechts zur Arbeitsleistung verpflichtet ist, kommt ein Kündigungsrecht des Mannes nicht in Frage.

6. Die Ehegatten haben bei der Erfüllung der durch die eheliche Lebensgemeinschaft bedingten gegenseitigen Verpflichtungen dafür einzustehen, daß der andere Teil keinen körperlichen oder Vermögensschaden erleidet, brauchen aber entgegen den allgemeinen Haftungsbestimmungen (§ 278) nur für die Sorgfalt einzustehen, die sie in eigenen Angelegenheiten anzuwenden pflegen, was jedoch kein Entschuldigungsgrund für grobe Fahrlässigkeit ist (§§ 1359, 277). Ausnahme § 1456: der Mann ist der Frau beim Güterstande der allgemeinen Gütergemeinschaft für die Verwaltung des Gesamtgutes nicht verantwortlich.

7 Unterhaltspflicht der Ehegatten untereinander.

A. Unterhaltspflicht des Mannes gegenüber der Frau.

Sie ist grundsätzlich unbedingt und unabhängig von etwaigem Einkommen der Frau. Abweichend von der allgemeinen Regel des § 1610 Abs. 1 richtet sich das Maß des Lebensunterhalts nach der Lebensstellung des Mannes, nach seinem Vermögen und seiner Erwerbsfähigkeit (§ 1360 Abs. 1).

Form des Unterhalts: Wenn die Ehegatten in häuslicher Gemeinschaft leben, Bereitstellung aller erforderlichen Bedarfsgüter in Natur oder durch Hingabe von Geld zur Beschaffung von Fall zu Fall. Bei Getrenntleben ist der Unterhalt in Form einer festen Geldrente zu gewähren, sofern die Frau ein Recht zum Getrenntleben hat, weil der Anspruch des Mannes auf Herstellung der ehelichen Gemeinschaft Mißbrauch ist oder sie einen Scheidungsgrund besitzt (§ 1361 Abs. 1 S. 1), praktisch auch dann, wenn der Mann selbst die Herstellung der ehelichen Lebensgemeinschaft verweigert (er hat die Frau verlassen oder aus dem Hause getrieben).

Wegfall der Unterhaltspflicht des Mannes bei berechtigtem Getrenntleben der Frau nur ausnahmsweise aus Billigkeitsgründen (§ 1361 Abs. 2). Dabei wäre es unbillig, wenn der Mann die Frau auf eigene Erwerbstätigkeit verweisen würde, falls sie bisher nicht erwerbstätig war.

Bestandteil der Unterhaltspflicht des Mannes bei berechtigtem Getrenntleben der Frau ist auch seine Pflicht, ihr den zur Führung eines abgesonderten Haushalts erforderlichen Hausrat unabhängig von den Eigentumsverhältnissen zum Gebrauch herauszugeben. (§ 1361 Abs. 1 S. 2).

B. Unterhaltspflicht der Frau gegenüber dem Manne.

Die Unterhaltspflicht der Frau tritt nur dann ein, wenn der Mann außerstande ist, sich selbst zu unterhalten. Maßstab für den Unterhalt ist einmal die Lebensstellung des Mannes, andererseits das Vermögen der Frau und ihre Erwerbsfähigkeit (§ 1360 Abs. 2). Form des Unterhalts wie bei dem Normalfall des Unterhalts der Frau durch den Mann: entweder durch Bereitstellen des Lebensbedarfs im gemeinschaftlichen Haushalt oder durch Geldrente, wenn der Mann die häusliche Gemeinschaft mit Recht ablehnen kann. (§ 1360 Abs. 3, 1361 Abs. 1 S. 1).

(Die Unterhaltsansprüche geschiedener Eheleute sind in den §§ 58—73 des Gesetzes über die Ehe geregelt. Während der Dauer eines Scheidungsprozesses kann die Unterhaltsfrage zwischen den Ehegatten durch eine einstweilige Anordnung des Prozeßgerichts geregelt werden § 613 ZPO.).

Zu den allgemeinen Wirkungen der Ehe gehört auch die Eigentumsvermutung des § 1362 zu Gunsten der Gläubiger des Mannes für die im Besitz eines oder beider Ehegatten befindlichen beweglichen Sachen, von denen vermutet wird, daß sie dem Manne gehören. Läßt ein Gläubiger des Mannes Hausrat pfänden, muß daher die Frau gegebenenfalls gemäß § 771 ZPO. intervenieren.

Sonstige privatrechtliche Wirkungen der Ehe.

z. B. § 204 S. 1: Hemmung der Verjährung von Ansprüchen zwischen Ehegatten, solange die Ehe besteht; § 1931: Erbrecht des überlebenden Ehegatten; § 2303 Abs. 2: Pflichtteilsrecht des durch Verfügung von Todeswegen von der Erbfolge ausgeschlossenen Ehegatten; §§ 28, 29, Test. Ges.: gemeinschaftliches Testament und Erbvertrag zwischen Ehegatten; §§ 31, 32 KO. und § 3 Anf. Ges.: Anfechtung von entgeltlichen Verträgen des Gemeinschuldners bezw. Schuldners mit seinem Ehegatten oder dessen Verwandten und von unentgeltlichen Verfügungen zu Gunsten des Ehegatten in und außerhalb des Konkurses.

6. Titel. Eheliches Güterrecht.

I. Gesetzliches Güterrecht.

Eheliches Güterrecht bedeutet den Inbegriff der Vorschriften, welche die vermögensrechtlichen Beziehungen der Eheleute untereinander und gegenüber Dritten regeln. Ergänzung in den Vorschriften über die gegenseitige Unterhaltspflicht der Ehegatten (§§ 1360, 1361).

Grundsatz ist, daß die Eheleute ihre vermögensrechtlichen Beziehungen zueinander auch mit Wirkung gegen Dritte frei vereinbaren können (Ehevertrag § 1432), nur die vermögensrechtlichen Vorschriften der §§ 1353 ff., insbesondere über die Unterhaltspflicht, können sie nicht ändern.

Schließen die Eheleute keinen Ehevertrag, so gilt

das sogenannte gesetzliche Güterrecht.

Gesetzliches Güterrecht des BGB. ist der Güterstand der Verwaltung und Nutznießung (Verwaltungsgemeinschaft). Subsidiär gilt als gesetzliches Güterrecht das Recht der Gütertrennung (§§ 1426 ff.). Wegen der Fälle, in denen Gütertrennung eintritt, s. S. 17.

A. Güterstand der Verwaltung und Nutznießung

Bei dem Güterstande der Verwaltung und Nutznießung wird das bei der Eheschließung vorhandene und später erworbene Vermögen der Frau, ausgenommen ihr Vorbehaltsgut, der Verwaltung und Nutznießung des Mannes unterworfen (§§ 1363, 1365). Es sind deshalb im Hinblick auf ihre verschiedenartige rechtliche Behandlung 3 Vermögensmassen zu unterscheiden:

Vermögen des Mannes,
Vorbehaltsgut der Frau,
eingebrachtes Gut der Frau.

a) Das ganze Vermögen des Mannes (einschließlich seiner Einkünfte aus Erwerbstätigkeit) bleibt zu seiner alleinigen Verfügung, ohne daß — rechtlich — ein Mitbestimmungs- oder Verfügungsrecht der Frau besteht. Dafür ruht auf den Schultern des Mannes die Verpflichtung, den ehelichen Aufwand zu tragen (§ 1389 Abs. 1). Ehelicher Aufwand umschließt außer dem eigenen und dem Unterhalt der Frau auch die Unterhaltspflicht gegenüber den gemeinschaftlichen Kindern, auch den an Kindesstatt angenommenen.

b) Unter Vorbehaltsgut der Frau sind zu verstehen die ausschließlich zum persönlichen Gebrauch der Frau bestimmten Sachen, insbesondere Kleider, Schmucksachen und Arbeitsgeräte (§ 1366), der Erwerb der Frau durch eigene Arbeit oder durch den selbständigen Betrieb eines Erwerbsgeschäfts (§ 1367), der Erwerb der Frau durch Erbfolge, Vermächtnis, Pflichtteil oder Schenkung, wenn der Erblasser oder der Schenker bestimmt haben, daß der Erwerb Vorbehaltsgut sein soll (§ 1369),

alles Eigentum der Frau, das etwa durch rechtsgültigen Ehevertrag zum Vorbehaltsgut erklärt ist (§ 1368),

schließlich alles, was die Frau auf Grund eines zum Vorbehaltsgut gehörenden Rechts oder als Ersatz für die Zerstörung, Beschädigung oder Entziehung eines zum Vorbehaltsgut gehörenden Gegenstandes oder durch ein Rechtsgeschäft erwirbt, das sich auf das Vorbehaltsgut bezieht (§ 1370, sogenannter Surrogationserwerb, vgl. z. B. auch § 1473).

Auf das Vorbehaltsgut der Frau, zu dessen Verwaltung die Frau allein berechtigt ist, finden die bei der Gütertrenung für das Vermögen der Frau geltenden Vorschriften (§§ 1427 ff.) Anwendung (§ 1371), also Beitrag der Frau zum ehelichen Aufwand, jedoch nur insoweit, als der Mann nicht schon aus den Nutzungen des eingebrachten Gutes einen angemessenen Beitrag erhält.

c) Eingebrachtes Gut der Frau ist ihr sonstiges bei der Eheschließung vorhandenes oder später erworbenes Vermögen. Grundsatz ist, daß der Mann das eingebrachte Gut zu verwalten und wie ein Nießbraucher Anspruch auf seine Nutzungen hat (§ 1363), die er aber nicht im eigenen Interesse, sondern zur Erhaltung und Sicherung des eingebrachten Gutes und zur Bestreitung des ehelichen Aufwandes verwenden muß. Daraus ergeben sich für die Rechtsstellung des Mannes und der Frau folgende Grundsätze:

I. Rechtsstellung des Mannes zum eingebrachten Gut.

1. Verwaltungsbefugnis.

Die Verwaltungsbefugnis umschließt das Recht, die zum eingebrachten Gut gehörenden Sachen in Besitz zu nehmen (§ 1373), die Verpflichtung zur ordnungsmäßigen Verwaltung des eingebrachten Gutes und zur Auskunftserteilung gegenüber der Frau (§ 1374). Die Haftung des Mannes gegenüber der Frau beschränkt sich auf die Sorgfalt, die er in eigenen Angelegenheiten anzuwenden pflegt (§ 1359).

Der Mann ist aber nicht Vertreter der Frau hinsichtlich ihres eingebrachten Gutes (anders der Vater hinsichtlich des von ihm verwalteten Vermögens des Kindes, der Vormund hinsichtlich des Mündelvermögens).

Der Mann kann daher die Frau ohne ihre Zustimmung weder durch Rechtsgeschäfte, die er im eigenen Namen oder im Namen der Frau vornimmt, verpflichten noch über das eingebrachte Gut verfügen (§ 1375).

Soweit der Mann zur ordnungsmäßigen Verwaltung des eingebrachten Gutes die Frau durch Rechtsgeschäfte verpflichten muß bezw. über eingebrachtes Gut verfügen muß und die Frau ihre Einwilligung versagt, kann ihre Einwilligung durch das Vormundschaftsgericht ersetzt werden (§ 1379).

Die Einwilligung der Frau ist nur in einigen besonderen Fällen nicht erforderlich, nämlich

für Verfügungen des Mannes über Geld und andere verbrauchbare Sachen der Frau (§ 1376 Z. 1),

für die Aufrechnung von Forderungen der Frau gegen Forderungen an die Frau, deren Berichtigung aus dem eingebrachten Gut verlangt werden kann (§ 1376 Z. 2),

für die Erfüllung von Verbindlichkeiten der Frau zur Leistung eines zum eingebrachten Gut gehörenden Gegenstandes durch Leistung dieses Gegenstandes (§ 1376 Z. 3).

Außerdem kann der Mann Rechte, die zum eingebrachten Gut gehören, im eigenen Namen gerichtlich geltend machen (§ 1380).

Bewegliche Sachen, welche der Mann als Verwalter des eingebrachten Gutes mit Mitteln desselben erwirbt, werden ohne weiteres und ohne besondere Eigentumsübertragung Eigentum der Frau (§ 1381). Haushaltsgegenstände, die der Mann als Ersatz von eingebrachten Stücken anschafft, werden ohne weiteres wieder eingebrachtes Gut (§ 1382), auch wenn er sie aus eigenen Mitteln erworben hat.

2. Nutznießung des Mannes.

Der Mann erwirbt die Nutzungen des eingebrachten Gutes in derselben Weise und in demselben Umfange wie ein Nießbraucher (§§ 1383,

1031 ff.). Das Nutzungsrecht ist unübertragbar (§ 1408) und daher unpfändbar (§ 861 ZPO.), übertragbar und daher pfändbar sind aber bereits gezogene Früchte.

Nutzungen sind die Früchte einer Sache oder eines Rechts, sowie die Vorteile, welche der Gebrauch der Sache oder des Rechts gewährt (§ 100).

Der Mann hat auf Grund seiner Nutznießung der Frau und den Forderungsberechtigten gegenüber zunächst aus den Nutzungen folgende Lasten zu tragen und zwar den Forderungsberechtigten gegenüber als Gesamtschuldner neben der Frau (§ 1388):

a) die Kosten, welche durch die Gewinnung der Nutzungen entstehen und die Erhaltungskosten der zum eingebrachten Gut gehörenden Gegenstände (§ 1384),

b) die der Frau obliegenden öffentlichen Lasten, soweit sie nicht das Vorbehaltsgut betreffen (Grundsteuern, Einkommen-, Umsatz-, Vermögenssteuer usw.) (§ 1385 Z. 1),

c) die privatrechtlichen Lasten, die auf den Gegenständen des eingebrachten Gutes ruhen (z. B. Hypothekenzinsen) (§ 1385 Z. 2),

d) Versicherungsbeiträge für Sachversicherungen aller Art von Gegenständen des eingebrachten Gutes (§ 1385 Z. 3),

e) Schuldzinsen und sonstige wiederkehrende Leistungen aller Art, z. B. Lebensversicherungsprämien und Unterhaltsrenten auf Grund gesetzlicher Unterhaltspflichten der Frau, z. B. für den Unterhalt ihrer Eltern (§ 1386),

f) Prozeß- und Verteidigungskosten (§ 1387);

g) den nach Abzug aller dieser Kosten verbleibenden Teil der Erträge hat der Mann für den ehelichen Aufwand zu verwenden (§ 1389).

II. Rechtsstellung der Frau zum eingebrachten Gut.

Die Frau verliert das Recht, das eingebrachte Gut zu verwalten und über dasselbe zu verfügen, sie kann sich aber durch Rechtsgeschäfte verpflichten, da ihre Geschäftsfähigkeit durch die Eheschließung nicht berührt wird. Verpflichtet wird aber, soweit es sich nicht um persönliche Leistungen handelt, das eingebrachte Gut nur, wenn der Mann der Übernahme der Verpflichtung zugestimmt hat (§ 1399). Zu Verfügungen über eingebrachtes Gut bedarf die Frau der (vorherigen) Einwilligung des Mannes (§ 1395).

Einseitige Verfügungen der Frau über eingebrachtes Gut ohne Einwilligung des Mannes sind überhaupt unwirksam (Beispiel: Kündigung eines Vertrages, Anfechtung eines Rechtsgeschäfts, Aufrechnung) (§ 1398). Die Rechtswirksamkeit vertraglicher Verfügungen der Frau, die sie ohne Einwilligung des Mannes vornimmt (Auflassung eines Grundstücks, Verpfändung einer Sache) hängt von seiner nachträglichen Genehmigung ab (§§ 1396, 1397).

Die Auflassung eines zum eingebrachten Gut gehörenden Grundstücks an einen Dritten kann daher mangels Verfügungsbefugnis des Mannes nur von der Frau selbst und nur mit gleichzeitiger oder vorheriger Einwilligungs- oder nachträglicher Genehmigungserklärung des Mannes erfolgen.

Ausnahmen von der Notwendigkeit der Einwilligung des Mannes:

Für Rechtsgeschäfte aller Art, welche der Betrieb eines Erwerbsgeschäfts mit sich bringt, das die Frau mit Zustimmung des Mannes selbständig betreibt (§ 1405),

für die Annahme oder Ausschlagung einer Erbschaft oder eines Vermächtnisses der Frau, für den Verzicht auf einen ihr angefallenen Pflichtteil (§ 1406 Z. 1),

für die Ablehnung eines Vertragsantrages oder einer Schenkung (§ 1406 Z. 2),

für die Vornahme eines Rechtsgeschäfts gegenüber dem Mann (§ 1406 Z. 3),

ferner für die Fälle des § 1407 (Fortsetzung eines z. Zt. der Eheschließung anhängigen Prozesses, gerichtliche Geltendmachung eines zum eingebrachten Gut gehörenden Rechts gegen den Mann, gerichtliche Geltendmachung eines zum eingebrachten Gut gehörenden Rechts gegen einen Dritten, wenn der Mann ohne die erforderliche Zustimmung der Frau über das Recht verfügt hat, zur gerichtlichen Geltendmachung eines Widerspruchsrechts gegenüber einer Zwangsvollstreckung).

Im übrigen ist die Zustimmung des Mannes entbehrlich, wenn er nicht zustimmen k a n n und eine Verzögerung Gefahr bedeutet (§ 1401). Bei Rechtsgeschäften, die zur ordnungsmäßigen Besorgung persönlicher Angelegenheiten der Frau erforderlich sind, kann die Zustimmung des Mannes durch das Vormundschaftsgericht ersetzt werden, wenn der Mann sie nicht erteilen w i l l (§ 1402). Es handelt sich hier z. B. um die Übernahme von Arzt- und sonstigen Pflegekosten zu Lasten des eingebrachten Gutes usw.

Für die Befugnis der Frau zur Führung eines Rechtsstreits gilt folgendes:

Die Frau kann Rechte, die zum eingebrachten Gut gehören, nur mit Zustimmung des Mannes gerichtlich geltend machen (§ 1400 Abs. 2). Der Mann selbst kann dies im eigenen Namen tun (§ 1380). Sonstige Klagen kann die Frau ohne Zustimmung des Mannes erheben. Wirkung gegen das eingebrachte Gut nur bei Zustimmung des Mannes, sonst nur gegen das Vorbehaltsgut.

Klagen wegen Ansprüche, die sich gegen das eingebrachte Gut richten, müssen gegen die Frau selbst erhoben werden. Zur Zwangsvollstreckung in das eingebrachte Gut bedarf es auf alle Fälle eines Urteils gegen den Mann auf Duldung der Zwangsvollstreckung.

Ansprüche der Frau gegen den Mann.

Abgesehen von dem Anspruch, daß der Mann den Reinertrag des eingebrachten Gutes für den ehelichen Aufwand (einschließlich ihres und der Kinder Unterhalt) verwendet (§ 1389), hat die Frau Anspruch

auf Sicherheitsleistung bei Gefahr, daß der Mann die Rechte der Frau am eingebrachten Gut verletzt (§ 1391),

auf Wertersatz für die von dem Mann für eigene Zwecke veräußerten oder verbrauchten verbrauchbaren Sachen (§ 1377 Abs. 3),

auf Schadensersatz, wenn der Mann vorsätzlich oder fahrlässig das eingebrachte Gut geschädigt oder unberechtigt über dasselbe verfügt hat.

Die Frau kann ihre Ansprüche gegen den Mann im allgemeinen erst nach Beendigung der Verwaltung und Nutznießung gerichtlich geltend machen (§ 1394).

III. Schuldenhaftung.

Grundsätzlich haftet jeder Ehegatte mit seinem Vermögen nur für seine eigenen Schulden (§§ 1410, 1411); Ausnahmen nur wegen der in den §§ 1385—1387 genannten Schulden der Frau, für die der Mann als Gesamtschuldner auch mit seinem Vermögen haftet. Für die Schulden der Frau haftet daher nicht nur das Vorbehaltsgut, sondern auch das eingebrachte Gut ohne Rücksicht auf das Verwaltungs- und Nutznießungsrecht des Mannes (§ 1411) und zwar gilt dies

für alle Verbindlichkeiten der Frau aus Rechtsgeschäften, die von ihr oder ihrem gesetzlichen Vertreter vor Eingehung der Ehe abgeschlossen waren,

für alle Verbindlichkeiten der Frau aus einem nach Eingehung der Ehe vorgenommenen Rechtsgeschäft, aber nur wenn der Mann dem Rechtsgeschäft zugestimmt hat oder wenn es auch ohne seine Zustimmung ihm gegenüber wirksam ist (§§ 1412 Abs. 1, 1399, 1401, 1402, 1405, 1406),

für Kosten eines Prozesses der Frau (§ 1412 Abs. 2).

Nur das Vorbehaltsgut, nicht das eingebrachte Gut haftet für die in den §§ 1413, 1414 aufgeführten Verbindlichkeiten der Frau, die ihr Vorbehaltsgut betreffen.

Da den Gläubigern der Frau auf alle Fälle ihr Vorbehaltsgut haftet, bedarf es einer Ausgleichsregelung unter den Ehegatten, wenn ein

Gläubiger sich anstatt an das Vorbehaltsgut an das eingebrachte Gut hält oder umgekehrt. In diesen Fällen soll gelten, daß im Verhältnis der Ehegatten zueinander dem Vorbehaltsgut folgende Schulden der Frau zur Last fallen:

Verbindlichkeiten der Frau aus unerlaubten Handlungen, begangen während der Ehe oder aus Strafverfahren wegen derselben,

Verbindlichkeiten der Frau aus einem sich auf das Vorbehaltsgut beziehenden Rechtsverhältnis, auch wenn sie vor Eingehung der Ehe oder vor der Zeit entstanden sind, zu der das Gut Vorbehaltsgut geworden ist,

mit diesen Verbindlichkeiten zusammenhängende Prozeßkosten,

ferner Kosten eines Rechtsstreits zwischen den Ehegatten selbst, soweit sie nicht etwa dem Manne auferlegt sind, Kosten eines Rechtsstreits zwischen der Frau und einem Dritten, wenn das Urteil dem Manne gegenüber nicht wirksam ist (§§ 1415, 1416).

Die Ersatzleistung aus dem Vorbehaltsgut an das eingebrachte Gut und umgekehrt regelt sich nach § 1417.

IV. Beendigung der Verwaltung und Nutznießung.

Die Verwaltung und Nutznießung des Mannes am eingebrachten Gut endigt

a) selbstverständlich bei Auflösung der Ehe durch Scheidungs- oder Aufhebungsurteil, beim Tode oder bei Todeserklärung eines der Ehegatten,

b) beim Fortbestehen der Ehe kann es zu einer Beendigung der Verwaltung und Nutznießung kommen:
   durch Abschluß eines Ehevertrages, in dem die Verwaltung und Nutznießung des Ehemannes ausgeschlossen werden,
   durch Gerichtsurteil auf Klage der Frau unter den Voraussetzungen des § 1418,

c) durch Konkurseröffnung über das Vermögen des Mannes (§ 1419).

Zu a): Lebt der für tot erklärte Mann, so muß er notfalls auf Wiederherstellung seiner Rechte klagen, wenn er sie geltend machen will. Andernfalls tritt Gütertrennung ein (§§ 1425, 1426). Gütertrennung tritt aber auch in allen sonstigen Fällen ein, in denen die Verwaltung und Nutznießung bei Bestehen der Ehe beendigt ist, ohne daß die güterrechtlichen Verhältnisse zwischen den Parteien durch Ehevertrag anderweitig geregelt werden.

Nach Beendigung der Verwaltung und Nutznießung muß der Mann (evtl. sein Erbe) das eingebrachte Gut, soweit er es in Besitz genommen hatte, an die Frau herausgeben (im Falle des Todes der Frau an deren Erben, soweit er nicht als Miterbe oder gesetzlicher Vertreter erbberechtigter minderjähriger Kinder ein Besitzrecht behält) und Rechenschaft über seine Vermögensverwaltung ablegen (§ 1421). Die Nutzungen des eingebrachten Gutes stehen ihm bis zum Zeitpunkte der Beendigung der Verwaltung und Nutznießung zu.

Bei Aufhebung der Verwaltung und Nutznießung durch Gerichtsurteil hat der Mann die Nutzungen vom Zeitpunkte der Rechtshängigkeit der Aufhebungsklage an herauszugeben. Außerdem haftet er der Frau für Untergang, Verschlechterung oder Unmöglichkeit der Herausgabe der in seinem Besitz befindlichen Sachen schon vom Zeitpunkte der Rechtshängigkeit an nach §§ 292, 989 (§ 1422).

B. Gütertrennung.

Gütertrennung tritt ein (§ 1426):

1. als subsidiärer gesetzlicher Güterstand, wenn der Mann mit einer in der Geschäftsfähigkeit beschränkten Frau ohne Einwilligung ihres gesetzlichen Vertreters die Ehe schließt (§ 1364),

   wenn die Verwaltung und Nutznießung des Mannes auf Grund der §§ 1418—1420, d. h. durch Gerichtsurteil, Konkurseröffnung über das Vermögen des Mannes oder durch Todeserklärung des Mannes (auch wenn sie zu Unrecht ergangen) endigt,

   wenn die Gütergemeinschaft, die Errungenschafts- oder Fahrnisgemeinschaft durch Gerichtsurteil beendigt werden (§§ 1470 Abs. 1 S. 2, 1545 Abs. 1, 1549).

2. als vereinbarter Güterstand auf Grund Ehevertrags (§ 1432). Wird durch einen Ehevertrag nur die Verwaltung und Nutznießung des Mannes ausgeschlossen oder die allgemeine Gütergemeinschaft, Errungenschafts- oder Fährnisgemeinschaft aufgehoben, so tritt ebenfalls Gütertrennung ein, falls im Ehevertrag nichts anderes vereinbart ist (§ 1436).

Das Wesen der Gütertrennung besteht darin, daß sich Mann und Frau in vermögensrechtlicher Hinsicht vollkommen selbständig gegenüberstehen und daß insbesondere auch die Frau in der Verwaltung ihres Vermögens und in der Verfügung darüber nicht beschränkt ist.

Ausnahmen von diesem Grundsatz bestehen nur insoweit, als es sich um die Aufbringung des ehelichen Aufwandes handelt.

Zur Bestreitung des ehelichen Aufwandes ist in erster Linie das Vermögen des Mannes heranzuziehen (§ 1427 Abs. 1), die Frau hat jedoch dem Manne zu den Kosten des ehelichen Aufwandes einen angemessenen Beitrag aus dem Ertrag einer etwaigen eigenen Erwerbstätigkeit, eines von ihr betriebenen Erwerbsgeschäfts oder eigenen Vermögens zu leisten (§ 1427 Abs. 2).

Sie kann diesen Beitrag aber unmittelbar zu ihrem Unterhalt und dem Unterhalt gemeinschaftlicher Abkömmlinge verwenden, wenn ihr und der Abkömmlinge Unterhalt z. B. wegen Verschuldung des Mannes gefährdet ist (§ 1428).

Im übrigen gilt die Auslegungsregel, daß Aufwendungen der Frau für den ehelichen Aufwand, z. B. für Anschaffungen, auch wenn sie in der Form erfolgen, daß die Frau die Mittel dazu dem Manne überläßt, nicht in der Absicht erfolgen, dafür Ersatz zu verlangen (§ 1429).

Bestimmte Auslegungsregeln über die Befugnisse des Mannes für den Fall, daß die Frau ihr Vermögen ganz oder teilweise durch den Mann verwalten läßt, enthält auch § 1430.

Die Wirksamkeit der Gütertrennung Dritten, insbes. den Gläubigern der Eheleute gegenüber richtet sich nach § 1435, d. h. Einwendungen gegen ein zwischen dem Dritten und dem Manne vorgenommenes Rechtsgeschäft oder gegen ein zwischen ihnen ergangenes rechtskräftiges Urteil sind nur begründet, wenn zur Zeit der Vornahme des Rechtsgeschäfts oder zur Zeit des Eintritts der Rechtshängigkeit die Gütertrennung im Güterrechtsregister eingetragen oder ihr Bestand dem Dritten bekannt war (§ 1431), z. B. bei Verfügungen des Mannes über Vermögensstücke der Frau, zu denen er beim gesetzlichen Güterstand der Verwaltung und Nutznießung gemäß § 1376 befugt wäre.

II. Vertragsmäßiges Güterrecht

1. Allgemeines

Die Eheleute können ihre wirtschaftlichen Beziehungen zueinander (die güterrechtlichen Verhältnisse) bei Eingehung der Ehe oder später durch Ehevertrag regeln oder eine solche Regelung durch neuen Ehevertrag aufheben oder abändern. Sie sind nicht an einen der im BGB. geregelten vertragsmäßigen Güterstände gebunden (§ 1432). Schranken bestehen nur

in den allgemeinen Beschränkungen der Vertragsfreiheit (z. B. § 138), in dem Verbot einer Verweisung auf ein nicht mehr geltendes oder ein ausländisches Gesetz, es sei denn, daß der Mann seinen Wohnsitz im Auslande hat (§ 1433).

Form des Ehevertrages.

Abschluß bei gleichzeitiger Anwesenheit beider Teile in Person oder in der Person eines Stellvertreters (gesetzlicher Vertreter oder Bevollmächtigter, s. aber § 1437) vor Gericht oder einem Notar (§ 1434).

Eintragung im Güterrechtsregister des Amtsgerichts ist nicht Vorschrift (§ 1560), aber erforderlich, wenn die Bestimmungen des Vertrages auch Dritten gegenüber wirksam sein sollen.

Wirkung des Ehevertrages gegenüber Dritten.

Dritte, die mit einem der Ehegatten in Rechtsbeziehungen treten und keine Kenntnis von dem Vorhandensein eines Ehevertrages haben, können, wenn der Ehevertrag nicht in das Güterrechtsregister eingetragen ist, davon ausgehen, daß die Ehegatten im gesetzlichen Güterstand der Verwaltung und Nutznießung leben (§ 1435). Umgekehrt können sie, solange im Güterrechtsregister eine bestimmte Regelung der güterrechtlichen Verhältnisse eines Ehepaares eingetragen ist, davon ausgehen, daß diese Regelung noch gilt, vorausgesetzt, daß ihnen das Gegenteil nicht anderweit bekannt geworden ist.

Die allgemeinen Bestimmungen über den Schutz des guten Glaubens, z. B. beim Erwerb von beweglichen Sachen und Grundstücken von einem nach Maßgabe des Güterstandes nicht verfügungsberechtigten Ehegatten bleiben unberührt (§§ 932, 936, 892, 893).

2. Allgemeine Gütergemeinschaft

Allgemeine Gütergemeinschaft zwischen Ehegatten besteht nur, wenn sie durch Ehevertrag vereinbart ist (§ 1437).

Das Wesen der Gütergemeinschaft besteht darin, daß das Vermögen des Mannes und das Vermögen der Frau und zwar sowohl das bei Eintritt der Gütergemeinschaft vorhandene wie das später erworbene kraft Gesetzes (bei Grundstücken daher keine Auflassung erforderlich, sondern nur Berichtigung des Grundbuchs — § 1438 Abs. 2, 3) gemeinschaftliches Vermögen beider Ehegatten wird (Gesamtgut), das der Verwaltung und Verfügung durch den Mann unterliegt (Eigentum zur gesamten Hand wie im Gesellschaftsrecht) [§§ 1438 Abs. 1, 1443].

Auch die beiderseitigen Schulden der Eheleute werden Schulden des Gesamtgutes (Gesamtgutsverbindlichkeiten, § 1459).

Nicht zum Gesamtgut gehört

a) das Sondergut des Mannes oder der Frau.

Sondergut sind aber nur Gegenstände, die nicht durch Rechtsgeschäft übertragen werden können, z. B. unabtretbare Forderungen (§§ 399, 400). Das auf Grund eines unübertragbaren Rechts an einen Ehegatten Geleistete fällt in das Gesamtgut. Behandlung des Sondergutes gemäß § 1439 nach § 1525 wie eingebrachtes Gut bei der sogenannten Errungenschaftsgemeinschaft.

b) das Vorbehaltsgut des Mannes oder der Frau.

Vorbehaltsgut ist alles, was etwa im Ehevertrage zum Vorbehaltsgut eines der Eheleute erklärt ist,

Erbschaft, Vermächtnis, Pflichtteil oder Schenkung unter Lebenden unter den Voraussetzungen des § 1369 (Bestimmung des Erblassers oder des Schenkers, daß die betreffenden Vermögensgegenstände Vorbehaltsgut des Empfängers werden sollen),

schließlich der Erwerb auf Grund eines zum Vorbehaltsgute gehörenden Rechts, eines Ersatzanspruchs oder eines sich auf das Vorbehaltsgut beziehenden Rechtsgeschäfts (§§ 1440, 1370).

Behandlung des Vorbehaltsgutes der Frau nach §§ 1441, 1427 ff., d. h. unbeschränktes Verwaltungs- und Verfügungsrecht der Frau, Beitragspflicht zum ehelichen Aufwand, jedoch nur, wenn die Einkünfte aus dem Gesamtgut nicht zur Bestreitung desselben ausreichen. Das Vorbehaltsgut des Mannes bleibt zu seiner alleinigen Verfügung, es kann höchstens seine Unterhaltspflicht steigern.

Behandlung des Gesamtgutes.

Nach den Grundsätzen der Gemeinschaft zur gesamten Hand kann kein Ehegatte über seinen ideellen Anteil an dem Gesamtgut oder an einzelnen zum Gesamtgut gehörenden Gegenständen verfügen, auch nicht mit Zustimmung des anderen Teils. Er kann auch keine Teilung verlangen (§ 1442 Abs. 1). Der Anteil eines Ehegatten am Gesamtgut kann daher auch von einem seiner Gläubiger nicht gepfändet werden (§ 860 ZPO.); er fällt nicht in die Konkursmasse eines der Ehegatten. Zulässig ist aber eine letztwillige Verfügung eines Ehegatten über seinen Anteil am Gesamtgute, vorausgesetzt, daß nach seinem Tode nicht fortgesetzte Gütergemeinschaft gemäß § 1483 eintritt.

Rechtsstellung des Mannes hinsichtlich des Gesamtgutes

1. Der Mann verwaltet das Gesamtgut im eigenen Namen (§ 1443 Abs. 1 S. 1), ohne der Frau für die Verwaltung verantwortlich zu sein. Er ist aber evtl. für Verminderungen des Gesamtgutes ersatzpflichtig (§ 1456). Der Mann hat aber aus dem Gesamtgut den ehelichen Aufwand zu bestreiten (§ 1458).
2. Aus dem Verwaltungsrecht des Mannes ergibt sich sein Recht, die zum Gesamtgut gehörenden Sachen in Besitz zu nehmen (§ 1443 Abs. 1 S. 2).
3. Dem Manne steht auch das alleinige Verfügungsrecht über das Gesamtgut zu. Er verfügt im eigenen Namen (§ 1443 Abs. 1 S. 2).
4. Der Mann ist berechtigt, Prozesse, die sich auf das Gesamtgut beziehen, im eigenen Namen zu führen (§ 1443 Abs. 1 S. 2).

Durch die von dem Manne vorgenommenen Verwaltungshandlungen wird aber die Frau in keiner Weise persönlich verpflichtet, sondern nur das Gesamtgut.

Ausnahmen von dem alleinigen Verwaltungs- und Verfügungsrecht des Mannes.

Einwilligung der Frau ist erforderlich

für Rechtsgeschäfte, die eine Verpflichtung zu einer Verfügung über das Gesamtgut im ganzen enthalten und zu Verfügungen über Gesamtgut zur Erfüllung derartiger Verpflichtungen (§ 1444),

zu Verfügungen über ein zum Gesamtgut gehörendes Grundstück, Schiff oder Schiffsbauwerk (z. B. Auflassung, Belastung mit Hypotheken usw.), sowie zu Verpflichtungen zu einer solchen Verfügung (§ 1445) (z. B. Grundstückskaufverträge), zu Schenkungen, Schenkungsversprechen aus dem Gesamtgut, sowie zu Verfügungen über Gesamtgut zur Erfüllung von Schenkungsversprechen, denen die Frau nicht zugestimmt hat, ausgenommen die sogenannten Anstandsschenkungen (§ 1446, 1459).

Die Zustimmung der Frau kann auf Antrag des Mannes durch das Vormundschaftsgericht ersetzt werden, wenn das betreffende Rechtsgeschäft zur ordnungsmäßigen Verwaltung des Gesamtgutes erforderlich ist und die Frau ihre Zustimmung nicht erteilen will oder nicht erteilen kann (§ 1447).

Wirkung der ohne Einwilligung der Frau vorgenommenen einwilligungsbedürftigen Rechtsgeschäfte des Mannes.

Die Wirkung ist die gleiche wie bei Verfügungen der Frau über eingebrachtes Gut beim gesetzlichen Güterstand (§ 1448, 1396 Abs. 1, 3; 1397, 1398), also Unwirksamkeit einseitiger Rechtsgeschäfte und Schwebezustand bei Verträgen.

Rechtsstellung der Frau hinsichtlich des Gesamtgutes

Die Frau ist grundsätzlich von der Verwaltung des Gesamtgutes und von Verfügungen über dasselbe ausgeschlossen und kann grundsätzlich nur mit Einwilligung des Mannes und dann nur in seiner Vertretung handeln. Auf Erteilung der Einwilligung hat sie keinen Anspruch gegen den Mann. Nur wenn die Zustimmung zur Besorgung ihrer persönlichen Angelegenheiten erforderlich ist, kann die Zustimmung durch das Vormundschaftsgericht ersetzt werden, wenn der Mann nicht zustimmen will (§ 1451).

Die Rechte der Frau am Gesamtgut beschränken sich auf ihre Zustimmung zu bestimmten Arten von Rechtsgeschäften des Mannes (§ 1444—1446) s. oben. Darüber hinaus hat sie nur in Sonderfällen ein eigenes Verwaltungs- und Verfügungsrecht und zwar zur gerichtlichen Geltendmachung eines zum Gesamtgut gehörenden Rechts, wenn der Mann in Fällen, in denen ihre Zustimmung erforderlich war, ohne diese über das Recht verfügt hat (§ 1449),

zur selbständigen oder vertretungsweisen Vornahme eines sich auf das Gesamtgut beziehenden Rechtsgeschäfts oder zur Führung eines Aktiv- oder Passivprozesses, wenn der Mann an der Vornahme des Rechtsgeschäfts oder der Prozeßführung verhindert ist und mit dem Aufschub Gefahr verbunden ist (§ 1450),

zur Vornahme von Rechtsgeschäften im Zusammenhange mit dem selbständigen Betrieb eines Erwerbsgeschäfts, zu der der Mann seine Einwilligung erteilt hat (§§ 1452, 1405),

zur Annahme oder Ausschlagung einer ihr angefallenen Erbschaft oder eines Vermächtnisses, zum Verzicht auf den Pflichtteil sowie zur Ablehnung eines Vertragsantrages oder einer Schenkung (§ 1453),

zur Fortsetzung eines bei dem Eintritt der Gütergemeinschaft anhängigen Rechtsstreits (§ 1454),

schließlich zu Rechtsgeschäften im Rahmen der Schlüsselgewalt, welche Mittel des Gesamtgutes in Anspruch nehmen, weil die Frau insoweit den Mann ohne weiteres vertritt (§ 1357).

Schuldenhaftung.

Das Gesamtgut haftet den Gläubigern der Eheleute

für alle Schulden des Mannes und der Frau aus der Zeit vor Eintritt der Gütergemeinschaft (§§ 1459, 1460),

für alle Schulden des Mannes aus der Zeit nach Eintritt der Gütergemeinschaft, für Schulden der Frau aus der Zeit nach Eintritt der Gütergemeinschaft nur dann, wenn der Mann seine Zustimmung zu dem Rechtsgeschäft erteilt hat oder das Rechtsgeschäft ohne seine Zustimmung für das Gesamtgut wirksam ist (§ 1460). Es handelt sich hier um die Fälle der §§ 1450—1455, s. oben.

Das Gesamtgut haftet nicht für Verbindlichkeiten der Frau, die nach Eintritt der Gütergemeinschaft im Zusammenhang mit ihrem Vorbehaltsgut entstehen, wohl aber für Schulden des Erwerbsgeschäfts der Frau, auch wenn dieses zum Vorbehaltsgut gehört (§§ 1461—1462).

Für Gesamtgutsverbindlichkeiten der Frau haftet der Mann auch persönlich als Gesamtschuldner (§ 1459).

Zur Zwangsvollstreckung in das Gesamtgut ist ein gegen den Mann ergangenes Urteil erforderlich und genügend (§ 740 ZPO.).

Beim Konkurs des Mannes gehört das Gesamtgut zur Konkursmasse, durch Konkurs der Frau wird das Gesamtgut nicht berührt (§ 2 KO.).

Im Verhältnis der Eheleute zueinander gilt als Regel, daß alle Verbindlichkeiten, für die das Gesamtgut den Gläubigern der Eheleute haftet, auch im Verhältnis der Eheleute zueinander das Gesamtgut belasten und zwar ohne Rücksicht auf den Wert desjenigen, was jeder Ehegatte zum Gesamtgut beigetragen hat. Diese Regel bedeutet, daß, wenn ein Ehegatte eine Gesamtgutsverbindlichkeit aus seinem Vorbehaltsgut erfüllt hat, er aus dem Gesamtgut Ersatz verlangen kann (§§ 1466, 1467) und daß bei der Auseinandersetzung nach Beendigung der Gütergemeinschaft jeder Ehegatte die Berichtigung der Verbindlichkeit aus dem Gesamtgut verlangen kann (§ 1475).

Diese Regel erleidet eine Ausnahme bei einer Reihe von Gesamtgutsverbindlichkeiten, die zwar auch aus dem Gesamtgut bezahlt werden müssen, für die aber, falls dies geschieht, derjenige Ehegatte, dem die Verbindlichkeit zur Last fällt, zum Gesamtgut aus seinem etwa vorhandenen sonstigen Vermögen Ersatz leisten muß bezw. bei der Auseinandersetzung nicht verlangen kann, daß die Verbindlichkeit aus dem Gesamtgut berichtigt wird, falls sie noch nicht bezahlt ist.

In diesem Sinne fallen intern zur Last: demjenigen Ehegatten, in dessen Person die Verpflichtung entstanden ist:

Verbindlichkeiten aus unerlaubter Handlung oder einem Strafverfahren wegen einer solchen,

Verbindlichkeiten aus einem sich auf sein Vorbehaltsgut beziehenden Rechtsverhältnis,

die Kosten eines Rechtsstreits über eine dieser beiden Verbindlichkeiten (§ 1463),

der Frau:

die Kosten eines Rechtsstreits zwischen den Ehegatten selbst, falls sie nicht durch Kostenentscheidung dem Manne auferlegt sind und unter Umständen auch die Kosten eines Rechtsstreits zwischen der Frau und einem Dritten (§ 1464),

dem Manne:

eine Ausstattung für ein gemeinschaftliches Kind, soweit sie das dem Gesamtgut entsprechende Maß übersteigt (§ 1465 Abs. 1).

Die Ersatzansprüche, welche auf Grund dieser Vorschriften im Verhältnis der Ehegatten zueinander entstehen, werden erst nach Beendigung der Gütergemeinschaft fällig, die Ersatzansprüche gegen die Frau jedoch schon vorher, wenn sie ausreichendes Vorbehaltsgut hat (§ 1467).

Beendigung der Gütergemeinschaft.

Die allgemeine Gütergemeinschaft endigt zwangsläufig bei der Auflösung der Ehe, durch den Tod eines Ehegatten oder seine Todeserklärung, soweit nicht nach § 1483 fortgesetzte Gütergemeinschaft eintritt,

durch rechtskräftiges Urteil, das die Scheidung oder Aufhebung der Ehe ausspricht.

Bei fortbestehender Ehe kann die Gütergemeinschaft ein Ende finden, wenn

die Ehegatten durch einen neuen Ehevertrag ihre güterrechtlichen Verhältnisse anderweitig regeln,

die Gütergemeinschaft durch Gerichtsurteil auf Klage des Mannes oder der Frau aufgehoben wird.

Voraussetzungen einer solchen Aufhebungsklage der Frau gegen den Mann sind:

Mißbrauch des Verwaltungs- und Verfügungsrechts des Mannes,

Verletzung seiner Unterhaltspflicht,

Verschwendung,

Ueberschuldung des Gesamtgutes infolge von Verbindlichkeiten des Mannes (§ 1468).

Voraussetzungen einer Aufhebungsklage des Mannes gegen die Frau ist:

Ueberschuldung des Gesamtgutes infolge von Verbindlichkeiten der Frau, die im Verhältnis der Ehegatten zueinander der Frau zur Last fallen (§ 1469).

Die Beendigung der Gütergemeinschaft hat folgende Wirkungen:

1. es findet zwischen den Beteiligten (die Ehegatten selbst oder im Falle des Todes eines Ehegatten der überlebende Teil und die Erben des Verstorbenen) die Auseinandersetzung über das Gesamtgut statt (§ 1471).

2. Bis zur Beendigung der Auseinandersetzung besteht zwischen den Beteiligten ein Gesamthandsverhältnis im Sinne der §§ 741 ff., d. h. die Verwaltung des Gesamtgutes und Verfügungen über dasselbe im ganzen oder einzelne Gegenstände stehen den Beteiligten nur gemeinschaftlich zu. Jeder Beteiligte ist aber zur Mitwirkung zwecks ordnungsmäßiger Verwaltung verpflichtet, für notwendige Maßnahmen zum selbständigen Handeln berechtigt (§ 1472). Verfügungen eines Beteiligten über seinen ideellen Anteil am Gesamtgut oder an einzelnen Gegenständen sind, wie während des Bestehens der Gütergemeinschaft, rechtsunwirksam (§ 1471, 1442).

3. Was einer der Beteiligten bis zur vollständigen Auseinandersetzung erwirbt, fällt nicht mehr in das Gesamtgut; nur die Nutzungen des Gesamtgutes, Ersatzleistungen oder rechtsgeschäftlicher Erwerb in Bezug auf das Gesamtgut (die Surrogation) wachsen dem Gesamtgut noch zu (§ 1473).

Form der Auseinandersetzung.

Die Auseinandersetzung kann erfolgen

im Wege der freien Vereinbarung, die nur insoweit unwirksam ist, als Rechte der Gläubiger verletzt werden,

durch Vermittlung des Amtsgerichts (§§ 86—99, 193 FGG),

im Streitfalle durch Gerichtsurteil über den Anspruch eines Beteiligten auf das, was ihm bei der Auseinandersetzung nach Maßgabe der §§ 1475—1481 zusteht.

Vollzug der Auseinandersetzung.

Teilungsmasse ist das Gesamtgut im Zeitpunkte der Beendigung der Gütergemeinschaft einschließlich des späteren Erwerbs im Rahmen von § 1473.

1. Erforderlich ist zunächst die Schuldenberichtigung (Berichtigung der Gesamtgutsverbindlichkeiten) und dazu Umsetzung des Gesamtgutes in Geld, soweit dies nötig ist (§ 1475). Gesamtgutsverbindlichkeiten, die aus dem Gesamtgut berichtigt werden müssen, sind alle Schulden des Mannes und der Frau, für die das Gesamtgut haftet, S. 22.

   Soweit eine Gesamtgutsverbindlichkeit intern einem der Ehegatten und nicht dem Gesamtgut zur Last fällt (§ 1463—1465, S. 23), braucht sie bei der Schuldenberichtigung aus dem Gesamtgut nicht berücksichtigt zu werden (§ 1475 Abs. 2). Die Gläubiger dieser Forderungen können dafür den Auseinandersetzungsanteil ihres Schuldners am Gesamtgut pfänden (§ 860 Abs. 2 ZPO.).

2. Teilung des Ueberschusses.

   Der nach Berichtigung der Schulden verbleibende Ueberschuß gebührt, soweit nicht etwas anderes vereinbart wird, den Beteiligten zu gleichen Teilen (§ 1476 Abs. 1) und zwar unabhängig davon, wieviel jeder Ehegatte zum Gesamtgut beigesteuert hat.

   Ausnahme

   bei Aufhebung der Gütergemeinschaft infolge Auflösung der Ehe durch Scheidungsurteil, in dem der eine Teil für allein oder überwiegend schuldig erklärt ist. In diesen Fällen kann der andere Teil verlangen, daß ihm anstelle der gleichmäßigen Teilung des Gesamtgutes der Wert desjenigen zurückerstattet wird, was er in die Gütergemeinschaft eingebracht hat. Das gleiche Recht hat bei Scheidung der Ehe ohne Schuldausspruch der Scheidungsbeklagte, bei Aufhebung der Ehe der nichtschuldige Teil oder der Beklagte (§ 1478).

Die Teilung des Ueberschusses vollzieht sich nach den Vorschriften über die Gemeinschaft (§§ 1477, 752 ff), also in erster Linie Teilung in Natur bei teilbaren Gegenständen, bei unteilbaren Gegenständen durch Verkauf im Wege des Pfandverkaufs, bei Grundstücken im Wege der Zwangsversteigerung und Teilung des Erlöses.

Jeder Ehegatte kann verlangen, gegen Wertersatz die ausschließlich zu seinem persönlichen Gebrauch bestimmten Sachen, insbesondere Kleider, Schmucksachen und Arbeitsgeräte, sowie diejenigen Gegenstände zu übernehmen, die er in die Gütergemeinschaft eingebracht oder während der Gütergemeinschaft durch Erbfolge, durch Vermächtnis oder mit Rücksicht auf ein künftiges Erbrecht, durch Schenkung oder als Ausstattung (auch als Aussteuer) erworben hat (§ 1477 Abs. 2).

3. Nichtberichtigung von Schulden vor der Teilung.

Wird eine Gesamtgutsverbindlichkeit (versehentlich oder aus Unkenntnis oder aus sonstigen Gründen) nicht vor der Teilung berücksichtigt, so haften beide Ehegatten bezw. die Erben des Verstorbenen dem Gläubiger gegenüber weiterhin als Gesamtschuldner (§ 1480).

Fortgesetzte Gütergemeinschaft.

Die Gütergemeinschaft wird fortgesetzt, d. h. das Gesamtgut bleibt in seinem Bestande mit teilweisem Wechsel in der Person der Gemeinschaftsteilnehmer erhalten, wenn einer der Ehegatten, unter denen Gütergemeinschaft bestand, stirbt und gemeinschaftliche Abkömmlinge vorhanden sind, die im Falle der gesetzlichen Erbfolge als Erben berufen sind (anteilsberechtigte Abkömmlinge) [§ 1483].

Ausnahmen:

Die fortgesetzte Gütergemeinschaft tritt nicht ein, wenn die Ehegatten die Fortsetzung nach dem Tode eines von ihnen durch Ehevertrag ausgeschlossen hatten (§ 1508),

wenn der verstorbene Ehegatte die Fortsetzung der Gütergemeinschaft nach seinem Tode durch letztwillige Verfügung ausgeschlossen hatte. Voraussetzung hierfür ist die Berechtigung, dem anderen Teil den Pflichtteil zu entziehen oder auf Aufhebung der Gütergemeinschaft zu klagen (§ 1509),

wenn der überlebende Ehegatte die Fortsetzung der Gütergemeinschaft ablehnt (§ 1484), wenn ein anteilsberechtigter Abkömmling für den Fall des Todes eines Ehegatten auf seinen Anteil am Gesamtgut verzichtet hat und andere anteilsberechtigte Abkömmlinge nicht vorhanden sind (§ 1517).

Wirkungen der Fortsetzung der Gütergemeinschaft.

Der Anteil des verstorbenen Ehegatten am Gesamtgut gehört nicht zu seinem Nachlaß (§ 1483 Abs. 1 S. 2). Sein Nachlaß beschränkt sich auf etwaiges Sonder- und Vorbehaltsgut.

Das Gesamtgut wird gemeinschaftliches Eigentum des überlebenden Ehegatten und der anteilsberechtigten Abkömmlinge und zwar ohne Eigentumsübertragung.

Es findet infolgedessen keine Auseinandersetzung statt.

Beim Zusammentreffen gemeinschaftlicher mit nicht gemeinschaftlichen Abkömmlingen (z. B. mit Kindern der verstorbenen Frau aus einer früheren Ehe) gilt für das Erbrecht und die Erbteile der nicht gemeinschaftlichen Abkömmlinge die Gütergemeinschaft als nicht fortgesetzt, d. h. der Anteil des verstorbenen Ehegatten gilt insoweit neben seinem Vorbehalts- und Sondergut als sein Nachlaß (§ 1483 Abs. 2).

Umfang des Gesamtgutes der fortgesetzten Gütergemeinschaft.

Zum Gesamtgut der fortgesetzten Gütergemeinschaft gehören:

1. das bisherige eheliche Gesamtgut, soweit es nicht einem nicht anteilsberechtigten Abkömmling zufällt,
2. das Vermögen, das der überlebende Ehegatte nach Eintritt der fortgesetzten Gütergemeinschaft erwirbt (§ 1485).
3. Der Anteil des überlebenden Ehegatten an dem Nachlaß des verstorbenen (d. h. dessen Sonder- und Vorbehaltsgut).

   Das beim Eintritt der fortgesetzten Gütergemeinschaft vorhandene Vermögen der anteilsberechtigten Abkömmlinge und das später von diesen erworbene Vermögen fällt nicht in das Gesamtgut der fortgesetzten Gütergemeinschaft.

Vorbehaltsgut und Sondergut.

Vorbehaltsgut und Sondergut der an der fortgesetzten Gütergemeinschaft teilnehmenden Abkömmlinge sind nicht denkbar. Das bisherige Vorbehaltsgut und Sondergut des überlebenden Ehegatten bleibt auch Vorbehaltsgut bzw. Sondergut bei der fortgesetzten Gütergemeinschaft. Vorbehaltsgut wird auch, was der überlebende Ehegatte nach §§ 1369, 1370 erwirbt (Erwerb von Todeswegen oder aus Schenkung bei entsprechender Bestimmung des Erblassers oder Schenkers und der Surrogationserwerb) [§ 1486 Abs. 1]. Sondergutsnutzungen fallen in das Gesamtgut (§§ 1486 Abs. 2, 1524).

Verwaltung des Gesamtgutes der fortgesetzten Gütergemeinschaft und Verfügungen über dasselbe.

Die Rechte und Verbindlichkeiten der Gemeinschaftsteilhaber bestimmen sich nach den für die Gütergemeinschaft geltenden Vorschriften mit der Maßgabe, daß der überlebende Ehegatte die rechtliche Stellung des Mannes, die anteilsberechtigten Abkömmlinge die rechtliche Stellung der Frau einnehmen (§ 1487) S. 20 ff.

Schuldenhaftung.

Das Gesamtgut der fortgesetzten Gütergemeinschaft haftet für

alle Verbindlichkeiten des überlebenden Ehegatten (wie das Gesamtgut der Gütergemeinschaft für alle Schulden des Mannes),

für diejenigen Verbindlichkeiten des verstorbenen Ehegatten, die Gesamtgutsverbindlichkeiten der allgemeinen Gütergemeinschaft waren (§ 1488).

Für diese Gesamtgutsverbindlichkeiten haftet der überlebende Ehegatte auch persönlich wie ein Erbe. Eine persönliche Haftung der Abkömmlinge für Gesamtgutsverbindlichkeiten der fortgesetzten Gütergemeinschaft kommt nicht in Frage (§ 1489 Abs. 2, 3).

Beendigung der fortgesetzten Gütergemeinschaft

1. durch Tod oder Todeserklärung des überlebenden Ehegatten (§ 1494),
2. durch Aufhebung seitens des überlebenden Ehegatten in der Form öffentlich beglaubigter Erklärung gegenüber dem Nachlaßgericht oder in Form eines gerichtlich oder notariell beurkundeten Vertrages mit den anteilsberechtigten Abkömmlingen (§ 1492),
3. durch Wiederverheiratung des überlebenden Ehegatten (§ 1493),
4. durch Urteil auf Klage eines anteilsberechtigten Abkömmlings unter den Voraussetzungen des § 1495 (§ 1496) und zwar mit Wirkung für alle anteilsberechtigten Abkömmlinge und
5. durch Tod oder Verzicht sämtlicher anteilsberechtigten Abkömmlinge.

Folgen der Beendigung der fortgesetzten Gütergemeinschaft.

Auseinandersetzung wie bei Beendigung der Gütergemeinschaft, bis dahin Gesamthandsverhältnis wie nach Beendigung der Gütergemeinschaft (§§ 1497, 1442, 1472, 1473,) S. 25.

Die Auseinandersetzung über das Gesamtgut der fortgesetzten Gütergemeinschaft vollzieht sich ebenfalls nach den Vorschriften für die Auseinandersetzung über das Gesamtgut der ehelichen Gütergemeinschaft (§ 1498) unter Berücksichtigung der besonderen Vorschriften der §§ 1499—1506.

Jeder Ehegatte kann durch letztwillige Verfügung für den Fall seines Todes über die Rechte und Pflichten der gemeinschaftlichen Abkömmlinge hinsichtlich des Gesamtgutes der fortgesetzten Gütergemeinschaft bestimmte Anordnungen treffen, bedarf hierzu aber der Zustimmung des anderen Ehegatten (§ 1516). Er kann

einen Abkömmling von der Teilhaberschaft an der fortgesetzten Gütergemeinschaft ausschließen (§ 1511),

den Anteil des Abkömmlings an dem Gesamtgut der fortgesetzten Gütergemeinschaft, der ihm nach Beendigung derselben zusteht, bis auf die Hälfte herabsetzen (§ 1512),

einem Abkömmling diesen Anteil überhaupt entziehen, wenn er berechtigt ist, dem Abkömmling auch den Pflichtteil zu entziehen (§ 1513),

den Betrag, den er einem Abkömmling entzieht, einem Dritten zuwenden (§ 1514),

dem Abkömmling schließlich das Recht zusprechen, bei Beendigung der fortgesetzten Gütergemeinschaft das Gesamtgut oder einzelne dazugehörende Gegenstände gegen Wertersatz zu übernehmen (§ 1515).

3. Errungenschaftsgemeinschaft

Errungenschaftsgemeinschaft zwischen zwei Ehegatten besteht nur, wenn sie durch Ehevertrag vereinbart ist.

Das Wesen der Errungenschaftsgemeinschaft besteht darin, daß — im Unterschied zur allgemeinen Gütergemeinschaft — nur der Erwerb des Mannes und der Frau während der Dauer dieses Güterstandes, nicht aber das ihnen bei seinem Eintritt gehörende Vermögen gemeinschaftliches Vermögen der Ehegatten (Gesamtgut) wird (§ 1519).

Bei der Errungenschaftsgemeinschaft sind deshalb zu unterscheiden

1. das eingebrachte Gut jedes Ehegatten.

Dazu gehört:

a) alles, was dem betreffenden Ehegatten bei Eintritt der Errungenschaftsgemeinschaft gehört (§ 1520),

b) was der betreffende Ehegatte während der Dauer der Errungenschaftsgemeinschaft von Todeswegen, durch Schenkung oder als Ausstattung (auch als Aussteuer) erwirbt, ausgenommen der Erwerb, der den Umständen nach zu den Einkünften zu zählen ist (z. B. Trinkgelder, Weihnachtsgratifikationen) (§ 1521),

c) Gegenstände, die nicht durch Rechtsgeschäfte übertragen werden können (das Sondergut bei der allgemeinen Gütergemeinschaft § 1439) und Rechte, die mit dem Tode des betreffenden Ehegatten erlöschen (z. B. eine Leibrente), oder deren Erwerb durch den Tod eines der Ehegatten bedingt ist (z. B. der Anspruch aus einer Lebensversicherung) (§ 1522),

d) Gegenstände, die durch Ehevertrag für eingebrachtes Gut erklärt sind (§ 1523),

e) der sogenannte Surrogationserwerb mit der sich aus dem Wesen der Errungenschaftsgemeinschaft ergebenden wichtigen Ausnahme des Gewinns aus dem Betriebe eines Erwerbsgeschäftes, da dieser in das Gesamtgut fällt (§ 1524).

Der Mann ist in der Verwaltung seines eingebrachten Gutes und in der Verfügung darüber unbeschränkt, die Nutzungen seines eingebrachten Gutes fallen in das Gesamtgut. Für das eingebrachte Gut der Frau und ihre Verfügungsbefugnis gelten die gleichen Vorschriften wie für das eingebrachte Gut der Frau beim gesetzlichen Güterstand der Verwaltung und Nutznießung (Verwaltungsrecht des Mannes) mit dem Unterschiede, daß die Nutzungen des eingebrachten Gutes der Frau nicht dem Manne zustehen, sondern in das Gesamtgut fallen (§ 1525).

2. Vorbehaltsgut der Frau.

Dazu gehören:

a) Vermögensgegenstände der Frau, die durch Ehevertrag für Vorbehaltsgut erklärt sind (§ 1526),

b der Erwerb der Frau von Todeswegen oder als Schenkung, wenn der Erblasser oder Schenker bestimmt haben, daß der Erwerb Vorbehaltsgut sein soll. Ohne eine derartige Bestimmung wird dieser Erwerb eingebrachtes Gut (§§ 1526, 1521),

c) der Surrogationserweb (§ 1526).

Vorbehaltsgut des Mannes kennt die Errungenschaftsgemeinschaft nicht (§ 1526 Abs. 2).

Für das Vorbehaltsgut der Frau gelten die gleichen Vorschriften wie für das Vorbehaltsgut der Frau bei der allgemeinen Gütergemeinschaft (§ 1526 Abs. 3) vgl. S. 20.

3. Gesamtgut.

Das Gesamtgut besteht aus dem Erwerb beider Ehegatten während der Dauer der Errungenschaftsgemeinschaft, soweit er nicht eingebrachtes Gut eines der Ehegatten oder Vorbehaltsgut der Frau wird und zwar einschließlich der Nutzungen des eingebrachten Gutes beider Ehegatten (§ 1519 Abs. 1). Bei Zweifeln über die Zugehörigkeit einer bestimmten Sache zum Gesamtgut spricht eine Vermutung für die Zugehörigkeit zum Gesamtgut (§ 1527).

Für das Gesamtgut der Errungenschaftsgemeinschaft gelten die gleichen Vorschriften wie für das Gesamtgut der Gütergemeinschaft (§ 1519

Abs. 2), also grundsätzlich Verwaltungs- und Verfügungsrecht des Mannes (§§ 1438 Abs. 2, 3, 1442—1453, 1455—1457) vgl. S. 20 ff.

Aus dem Gesamtgut sind der eheliche Aufwand und die Lasten des eingebrachten Gutes beider Ehegatten im Umfange der Vorschriften der §§ 1384—1387 zu bestreiten (§ 1529).

Haftung des Gesamtgutes für Schulden der Ehegatten gegenüber ihren Gläubigern.

Das Gesamtgut haftet:

a) für alle Schulden des Mannes aus der Zeit vor oder nach Eintritt der Errungenschaftsgemeinschaft (§ 1530 Abs. 1),

b) für Schulden der Frau nur beschränkt, d. h. für Schulden aus der Zeit vor Eintritt der Errungenschaftsgemeinschaft nur insoweit, als es sich um Schulden auf Grund einer gesetzlichen Unterhaltspflicht der Frau handelt (§ 1534).

Für Schulden der Frau, die nach Eintritt der Errungenschaftsgemeinschaft entstanden sind, haftet das Gesamtgut nur, wenn es sich handelt

um Lasten des eingebrachten Gutes (§ 1531),

Schulden der Frau aus einem von ihr vorgenommenen Rechtsgeschäft, wenn der Mann dem Rechtsgeschäft zugestimmt hat oder das Rechtsgeschäft auch ohne seine Zustimmung für das Gesamtgut wirksam ist, sowie um Prozeßkosten, die mit solchen Rechtsgeschäften zusammenhängen (§ 1532),

Schulden der Frau aus einem Erwerbsgeschäft, das die Frau mit Zustimmung des Mannes selbständig betreibt (§ 1533),

Schulden der Frau aus ihren gesetzlichen Unterhaltsverpflichtungen (§ 1534).

Für Schulden der Frau, die danach Gesamtgutsverbindlichkeiten sind, haftet bis zur Beendigung der Errungenschaftsgemeinschaft auch der Mann mit seinem eingebrachten Gut persönlich als Gesamtschuldner (§ 1530 Abs. 2). Selbstverständlich haftet den Gläubigern des Mannes und der Frau auch das eingebrachte Gut ihres Schuldners bzw. das Vorbehaltsgut der Frau für ihre Schulden.

Zur Zwangsvollstreckung in das Gesamtgut genügt ein gegen den Mann gerichtetes Urteil (§ 740 ZPO.).

Haftung des Gesamtgutes für Schulden der Ehegatten im inneren Verhältnis der Eheleute zueinander.

Grundsätzlich fallen im Verhältnis der Ehegatten zueinander Gesamtgutsverbindlichkeiten, d. h. Schulden, die aus dem Gesamtgut bezahlt werden müssen, auch dem Gesamtgut zur Last, d. h. beiden Ehegatten je zur Hälfte. Wird eine Gesamtgutsverbindlichkeit aus dem eingebrachten Gut eines der Ehegatten bezahlt, so kann dieser Ersatz aus dem Gesamtgut verlangen (§ 1539). Eine Reihe von Gesamtgutsverbindlichkeiten fallen jedoch im Verhältnis der Ehegatten zueinander demjenigen Ehegatten zur Last, in dessen Person die Verbindlichkeit entstanden ist, sodaß umgekehrt der betreffende Ehegatte zum Gesamtgut Ersatz leisten muß, wenn die Schuld aus dem Gesamtgut bezahlt wird (§ 1539) und zwar fallen intern zur Last

a) dem Mann bzw. der Frau

Schulden, die vor oder nach Eintritt der Errungenschaftsgemeinschaft aus einem sich auf eingebrachtes Gut oder Vorbehaltsgut der Frau beziehenden Rechtsverhältnis entstanden sind und die hiermit verbundenen Prozeßkosten (§ 1535), ausgenommen Schulden, die zu den Lasten des eingebrachten Gutes eines der Eheleute gehören, da sie aus dem Gesamtgut zu bestreiten sind (§ 1537 Abs. 1) und ferner ausgenommen die Schulden aus einem Erwerbsgeschäft eines der Ehegatten, das für Rechnung des Gesamtguts geführt wird,

b) dem Mann

vor allem seine vor Eintritt der Errungenschaftsgemeinschaft entstandenen Schulden und ferner die weiteren Verbindlichkeiten des Mannes nach § 1536 Z. 2, 3, 4.

Die Ausgleichsschulden der Ehegatten untereinander oder zum Gesamtgut werden in der Regel erst nach Beendigung der Errungenschaftsgemeinschaft fällig, spielen also praktisch erst bei der Auseinandersetzung als Verrechnungsfaktoren eine Rolle (§ 1541).

Beendigung der Errungenschaftsgemeinschaft.

1. Bei Tod oder Todeserklärung eines Ehegatten,
2. bei Scheidung oder Aufhebung der Ehe,
3. bei Aufhebung der Errungenschaftsgemeinschaft durch neuen Ehevertrag,
4. mit der Konkurseröffnung über das Vermögen des Mannes (§ 1543),
5. durch Gerichtsurteil auf Klage eines der Ehegatten auf Aufhebung der Errungenschaftsgemeinschaft (§ 1542).

Voraussetzungen einer solchen Klage sind:

für die Frau

wie in §§ 1418 Z. 1, 3—5 und 1468 (dieselben Voraussetzungen wie für die Klage auf Aufhebung der Verwaltung und Nutznießung und der Gütergemeinschaft)

für den Mann

wie im § 1469 (Klage auf Aufhebung der Gütergemeinschaft) (§ 1542).

Folgen der Beendigung der Errungenschaftsgemeinschaft.

Es tritt, wenn die Ehe fortbesteht und nicht ein neuer Ehevertrag geschlossen wird, Gütertrennung ein (§ 1545).

Zwischen den Eheleuten findet hinsichtlich des Gesamtgutes die Auseinandersetzung statt. Für die Auseinandersetzung und den Rechtszustand bis zu ihrer Durchführung gelten entsprechend die Vorschriften für die Auseinandersetzung bei der allgemeinen Gütergemeinschaft (§ 1546 Abs. 1 u. 2) s. S. 24 ff.

Für die Behandlung des eingebrachten Gutes der Frau nach Beendigung der Errungenschaftsgemeinschaft gelten die gleichen Vorschriften wie für das eingebrachte Gut der Frau bei Beendigung des gesetzlichen Güterstandes der Verwaltung und Nutznießung (§§ 1546 Abs. 3, 1421—1424), s. S. 16 f.

4. Fahrnisgemeinschaft

Fahrnisgemeinschaft tritt nur ein, wenn sie durch Ehevertrag vereinbart ist. Das Wesen der Fahrnisgmeinschaft besteht darin, daß nur das bewegliche Vermögen der Ehegatten, das sie bei Eintritt der Fahrnisgemeinschaft besitzen und ihr späterer Erwerb gemeinschaftliches Vermögen (Gesamtgut) werden.

Auf die Fahrnisgemeinschaft finden die für die allgemeine Gütergemeinschaft geltenden Vorschriften Anwendung, jedoch mit der Ausnahme, daß die Fahrnisgemeinschaft eingebrachtes Gut beider Ehegatten kennt (§ 1549, 1550). Es sind daher folgende Vermögensmassen zu unterscheiden:

1. das eingebrachte Gut des Mannes bzw. der Frau.

   Dazu gehören:

   a) das unbewegliche Vermögen des betreffenden Ehegatten, das er bei dem Eintritt der Fahrnisgemeinschaft hat oder während der Dauer der Fahrnisgemeinschaft durch Erbfolge, Vermächtnis oder mit Rücksicht auf ein künftiges Erbrecht durch Schenkung oder als Ausstattung (auch als Aussteuer) erwirbt (§ 1551 Abs. 1).

      Als unbewegliches Vermögen sind anzusehen: Grundstücke, eingetragene Schiffe und Schiffsbauwerke nebst Zubehör, Rechte an diesen Gegenständen mit Ausnahme der Hypotheken, Grundschulden, Rentenschulden und Schiffshypotheken, sowie Forderungen auf Uebertragung solcher Vermögensgegenstände usw. (§ 1551 Abs. 2).

   b) Gegenstände, die nicht durch Rechtsgeschäft übertragen werden können (§ 1552) (das Sondergut bei der allgemeinen Gütergemeinschaft § 1439),

c) was durch Ehevertrag für eingebrachtes Gut erklärt ist (§ 1553 Z. 1),

d) was ein Ehegatte von Todeswegen oder als Schenkung erwirbt, sofern der Erblasser oder der Schenker bestimmt hat, daß der Erwerb eingebrachtes Gut sein soll (§ 1553 Z. 2),

e) der Surrogationserwerb (§ 1554).

Das eingebrachte Gut wird nach den Vorschriften behandelt, die für das eingebrachte Gut bei der Errungenschaftsgemeinschaft gelten, d. h. der Mann verwaltet das eigene und das eingebrachte Gut der Frau für Rechnung des Gesamtgutes, die Nutzungen fallen in das Gesamtgut (§§ 1550, 1525).

2. Vorbehaltsgut der Frau.

Vorbehaltsgut der Frau kann nur sein, was durch den Ehevertrag für Vorbehaltsgut erklärt ist oder was die Frau von Todeswegen oder als Schenkung erwirbt, wenn der Erblasser oder der Schenker bestimmt haben, daß der betreffende Gegenstand Vorbehaltsgut sein soll (§§ 1549, 1440).

Vorbehaltsgut des Mannes ist dem System der Fahrnisgemeinschaft ebenso wie dem der Errungenschaftsgemeinschaft unbekannt.

3. Das Gesamtgut.

Das Gesamtgut besteht aus den beweglichen Sachen einschließlich Geld und Wertpapieren beider Ehegatten, die sie bei Eintritt der Fahrnisgemeinschaft besitzen oder später erwerben und aus ihrem sonstigen Erwerb nach Eintritt der Fahrnisgemeinschaft, daher auch aus dem unbeweglichen Vermögen, das die Ehegatten nach Eintritt der Gütergemeinschaft aus Mitteln des Gesamtgutes erwerben.

Auf das Gesamtgut der Fahrnisgemeinschaft finden alle Vorschriften Anwendung, die für das Gesamtgut der allgemeinen Gütergemeinschaft gelten (§ 1549).

Wie bei der allgemeinen Gütergemeinschaft kann nach Beendigung der Fahrnisgemeinschaft fortgesetzte Gütergemeinschaft zwischen dem überlebenden Ehegatten und den gemeinsamen erbberechtigten Abkömmlingen eintreten, jedoch nur bei ausdrücklicher Vereinbarung im Ehevertrag (§ 1557).

III. Güterrechtsregister

Das BGB. gibt in den §§ 1558 bis 1563 eine Reihe von formellen Bestimmungen über die Eintragung von güterrechtlichen Vereinbarungen der Ehegatten in das Güterrechtsregister, dessen Führung durch § 161

FGG. geregelt ist. Wegen der materiell-rechtlichen Bedeutung von Eintragungen in das Güterrechtsregister s. § 1435 S. 18.

Eintragungen in das Güterrechtsregister nimmt das Registergericht nur auf Antrag und nur nach Maßgabe des Antrages vor. Der Antrag muß in gerichtlich oder notariell beglaubigter Form gestellt werden (§ 1560).

Antragsberechtigt sind:

a) der Mann allein, wenn er die Beschränkung oder Ausschließung der Schlüsselgewalt der Frau nach § 1357 Abs. 2 oder seinen Einspruch gegen den selbständigen Betrieb eines Erwerbsgeschäfts der Ehefrau bezw. den Widerruf seiner Einwilligung dazu nach § 1405 Abs. 3 eintragen lassen will (§ 1561 Abs. 1),

b) jeder Ehegatte für sich allein für die Eintragung eines Ehevertrages oder einer auf gerichtlicher Entscheidung beruhenden Aenderung der güterrechtlichen Verhältnisse, wenn eine Ausfertigung des Ehevertrages oder des Urteils mit Rechtskraftzeugnis vorgelegt werden kann (§ 1561 Abs. 2 Z. 1) und bei Wiederholung der Eintragung im Register eines anderen Bezirks bei Wohnsitzverlegung (§ 1561 Abs. 2 Z. 2),

c) beide Ehegatten gemeinschaftlich in allen sonstigen Fällen, z. B. bei Eintragung der Vorbehaltsguteigenschaft gemäß §§ 1366, 1367, 1369 und wenn kein Ehevertrag vorgelegt wird.

Jeder Ehegatte kann von dem anderen Teil Mitwirkung bei der Eintragung verlangen. Die Mitwirkung wird nach § 894 ZPO. durch rechtskräftiges Urteil ersetzt, das die Verpflichtung des anderen Teiles zur Mitwirkung ausspricht.

Eintragungen in das Güterrechtsregister werden vom Registergericht veröffentlicht (§ 1562).

Die Einsicht in das Güterrechtsregister ist jedermann ohne weiteres zugänglich (§ 1563).

7. Titel. Scheidung der Ehe.
(§§ 1564 bis 1587).

Die Vorschriften dieses Titels sind durch das Gesetz über die Ehe vom 20. Februar 1946 aufgehoben. Maßgebend sind jetzt die §§ 41 ff. dieses Gesetzes. s. S. 93 ff.

8. Titel. Kirchliche Verpflichtungen.
(§ 1588).

Diese Vorschrift bringt zum Ausdruck, daß das BGB. nur die rechtliche Seite der Ehe regeln will, dagegen die religiöse Seite den Kirchengemeinschaften insbes. hinsichtlich der kirchlichen Trauung zur Regelung überläßt.

Zweiter Abschnitt.
Verwandtschaft.

1. Titel. Allgemeine Vorschriften.

1. Verwandtschaft.

Verwandt in gerader Linie sind Personen, deren eine von der anderen abstammt (Großeltern, Eltern, Kinder). (§ 1589 Abs. 1 S. 1.)

Verwandt in der Seitenlinie sind Personen, die von derselben dritten Person abstammen (Geschwister, Onkel und Neffe) (§ 1589 Abs. 1 S. 2).

Keine Verwandtschaft im Rechtssinne besteht zwischen einem unehelichen Kind und seinem Vater und den beiderseitigen Verwandten (§ 1589 Abs. 2).

Der Grad der Verwandtschaft bestimmt sich nach der Zahl der sie vermittelnden Geburten (§ 1589 Abs. 1 S 3), also sind Geschwister in der Seitenlinie im zweiten Grade verwandt.

Verwandtschaft im Sinne des BGB. entsteht auch durch die Annahme an Kindesstatt und die Legitimation eines unehelichen Kindes zwischen den Personen, auf die sich die Wirkung der Annahme bzw. der Legitimation erstrecken (§§ 1719, 1736, 1737, 1757).

2. Schwägerschaft.

Verschwägert sind die Verwandten eines Ehegatten mit dem anderen Ehegatten; die Schwägerschaft dauert fort, auch wenn die Ehe aufgelöst ist. Linie und Grad der Schwägerschaft bestimmen sich nach Linie und Grad der sie vermittelnden Verwandtschaft (§ 1590).

Verwandtschaft ist Voraussetzung für Unterhaltspflicht und Unterhaltsrecht (§§ 1601—1615), Verwandtschaft und Schwägerschaft sind Ehehindernisse nach Maßgabe von § 4 des Ges. über die Ehe v. 20. 2. 46. Verwandte sind nach Maßgabe von §§ 1924 ff. zur gesetzlichen Erbfolge berufen.

Soweit im Gerichtsverfassungsgesetz, der Zivilprozeßordnung, der Strafprozeßordnung, der Konkursordnung und in dem Gesetze betr. die Anfechtung von Rechtshandlungen eines Schuldners außerhalb des Konkursverfahrens, vom 21. Juli 1879 (RGBl. S. 277) an die Verwandtschaft oder Schwägerschaft rechtliche Folgen geknüpft sind, finden die Vorschriften des BGB. über Verwandtschaft oder Schwägerschaft Anwendung (Art. 33 EGBGB.).

2. Titel. Eheliche Abstammung.

Die Vorschriften dieses Abschnitts sind einmal durch das Gesetz über die Aenderung und Ergänzung familienrechtlicher Vorschriften vom 12. 4. 1938 (RGBl. I S. 380), sodann wiederum durch die VO. über die Angleichung familienrechtlicher Vorschriften vom 6. 2. 1943 (RGBl. I

S. 80) abgeändert worden. Der wesentliche Unterschied der Neuregelung gegenüber der ursprünglichen Regelung ist der, daß das freie Verfügungsrecht des Vaters über die Anfechtung der Ehelichkeit eines Kindes durch das erweiterte Anfechtungsrecht des Staatsanwalts beschränkt ist. Die Gültigkeit der Bestimmungen der VO. vom 6. 2. 1943 wird der Nachprüfung bedürfen.

Grundsatz: Ein Kind ist ein eheliches Kind unter drei Voraussetzungen:

1. Geburt nach Eingehung der Ehe, auch nach Auflösung derselben,
2. Empfängnis vor oder während der Ehe,
3. Beiwohnung des Ehemannes innerhalb der Empfängniszeit.

Als Empfängniszeit gilt die Zeit von dem 181. bis zu dem 302. Tage vor dem Tage der Geburt des Kindes. (§ 1591, 1592).

Die Schlußfolgerung, daß ein Kind unter diesen Voraussetzungen eheliches Kind ist, stellt eine gesetzliche Vermutung dar, die nur im Wege einer erfolgreichen Anfechtungsklage widerlegt werden kann.

Anfechtung der Ehelichkeit.

a) durch den Ehemann.

Sieht der Ehemann das Kind nicht als sein eheliches Kind an, so muß er die Ehelichkeit im Wege einer gegen das Kind zu richtenden Klage (Pflegerbestellung für das Kind erforderlich) anfechten (§ 1596, Verfahrensvorschriften s. §§ 640 ff. ZPO.).

Die Anfechtungsklage kann der Vater nur binnen einer Frist von einem Jahre erheben.

Beginn der Frist: Zeitpunkt, in dem der Mann Kenntnis von den Umständen erlangt, die für die Unehelichkeit des Kindes sprechen, frühestens mit der Geburt des Kindes (§ 1594 Abs. 1 u. 2). Verlängerung der Frist bei Stillstand der Rechtspflege oder Verhinderung an der Klageerhebung durch höhere Gewalt, beim Fehlen eines gesetzlichen Vertreters, wenn der Ehemann geschäftsunfähig ist (§§ 1594 Abs. 3, 203, 206).

Der beschränkt geschäftsfähige Ehemann kann die Anfechtungsklage ohne Zustimmung seines gesetzlichen Vertreters erheben, für den geschäftsunfähigen Ehemann der gesetzliche Vertreter mit Zustimmung des Vormundschaftsgerichts (§ 1595).

Nach dem Tode des Kindes kann der Vater die Ehelichkeit nicht mehr anfechten (§ 1597).

b) durch den Staatsanwalt.

Der Staatsanwalt ist zur Erhebung der Anfechtungsklage befugt,
wenn der Mann gestorben ist, ohne die Ehelichkeit angefochten zu haben oder wenn sein Aufenthalt unbekannt ist,

wenn der Mann die Ehelichkeit des Kindes nicht innerhalb eines Jahres seit der Geburt des Kindes angefochten hat (§ 1595a).

Das Anfechtungsrecht des Staatsanwalts ist unbefristet und auch nach dem Tode des Kindes noch gegeben. Nach dem Tode des Kindes kann der Staatsanwalt die Ehelichkeit auf dem Wege eines Antrages auf Feststellung der Unehelichkeit bei dem Vormundschaftsgericht anfechten. Das Vormundschaftsgericht hat im Wege der freiwilligen Gerichtsbarkeit die nötigen Ermittlungen anzustellen und zu entscheiden (§ 1597).

Solange die Unehelichkeit eines Kindes, das während der Ehe oder innerhalb von 302 Tagen nach Auflösung der Ehe geboren ist, nicht rechtskräftig festgestellt ist, kann die Unehelichkeit von dritten Personen (auch von dem Kinde selbst) nicht geltend gemacht werden, also z. B. keine Klage des Kindes gegen den angeblichen Erzeuger auf Unterhalt (§ 1593). Die Unehelichkeit eines später als 302 Tage nach der Auflösung der Ehe geborenen Kindes kann von jedermann ohne weiteres geltend gemacht werden.

Voraussetzungen der erfolgreichen Anfechtungsklage bzw. einer Entscheidung des Vormundschaftsgerichts im Falle des § 1597.

Es muß nachgewiesen werden, daß der Mann der Frau innerhalb der Empfängniszeit nicht beigewohnt hat oder daß es den Umständen nach offenbar unmöglich ist, daß die Frau das Kind von dem Mann empfangen hat. Nachweis, daß der Frau innerhalb der Empfängniszeit auch noch ein anderer beigewohnt hat, genügt nicht (§ 1591).

Ehelichkeit des Kindes bei Wiederverheiratung der Frau.

Nach § 1600 in der Fassung des Ges. vom 6. 2. 1943 (RGBl. I S. 80) gilt ein Kind als eheliches Kind des zweiten Mannes, wenn es von einer Frau geboren wird, die sich nach Auflösung ihrer Ehe wieder verheiratet hat und wenn das Kind insbesondere nach § 1591 sowohl ein eheliches Kind des ersten wie des zweiten Mannes sein könnte. Der zweite Mann bzw. der Staatsanwalt können die Ehelichkeitsvermutung durch Anfechtung der Ehelichkeit im Wege der Klage, der Staatsanwalt auch gegebenenfalls im Verfahren des § 1597 anfechten. Wird festgestellt, daß das Kind nicht eheliches Kind des zweiten Mannes ist, so hat nunmehr auch der als ehelicher Vater geltende erste Mann das Recht, die Ehelichkeit anzufechten.

3. Titel. Unterhaltspflicht.

Unterhaltspflicht besteht:

zwischen Verwandten in gerader Linie (§§ 1601, 1589), ausgenommen zwischen dem unehelichen Kinde und seinem Vater, die nicht als Verwandte gelten (Sonderregelung des § 1708), zwischen dem Annehmenden und dem an Kindes Statt Angenommenen (§ 1757), zwischen Ehegatten (§ 1360),

zwischen Ehegatten, deren Ehe geschieden, aufgehoben oder für nichtig erklärt ist (§§ 58—70, 37, 26 des Gesetzes über die Ehe) (s. S. 96, 92, 90).

Voraussetzungen des Unterhaltsrechts.

Bedürftigkeit, d. h. Unfähigkeit, sich selbst zu unterhalten (wegen Vermögenslosigkeit, Erwerbsunfähigkeit oder unverschuldeter Erwerbslosigkeit) (§ 1602 Abs. 1). Ein minderjähriges, unverheiratetes Kind ist gegenüber seinen Eltern schon dann unterhaltsberechtigt, wenn die Einkünfte seines Vermögens und der Ertrag seiner Arbeit zum Unterhalt nicht ausreichen, d. h. der Stamm des Vermögens bleibt bei der Prüfung der Bedürftigkeit unberücksichtigt (§ 1602 Abs. 2), es sei denn, daß die Eltern selbst nicht leistungsfähig sind (§ 1603 Abs. 2).

Voraussetzungen der Unterhaltspflicht.

Leistungsfähigkeit, d. h. die Fähigkeit, nach Maßgabe von Vermögen und Erwerb aus Arbeitstätigkeit bei Berücksichtigung sonstiger Verpflichtungen und des eigenen angemessenen Unterhalts dem anderen Unterhalt zu gewähren (§ 1603 Abs. 1).

Sonstige Verpflichtungen sind z. B. Schuldentilgungsbeträge, Unterhaltszahlungen für uneheliche Kinder, Steuern pp.
Gesteigerte Unterhaltspflicht der Eltern gegenüber minderjährigen unverheirateten Kindern (§ 1603 Abs. 2).

Besteht auf Grund familienrechtlicher Vorschriften an dem Vermögen eines Unterhaltspflichtigen ein Nutznießungsrecht (des Ehemannes am eingebrachten Gut der Frau — § 1383 —, des Inhabers der elterlichen Gewalt am Kindesvermögen — § 1649 —), so ist die Leistungsfähigkeit der Frau oder des Kindes ohne Rücksicht auf das Nutznießungsrecht zu beurteilen (§§ 1604, 1605).

Reihenfolge der Unterhaltspflicht.

a) unter Verwandten:

Abgesehen von der Unterhaltspflicht der Eltern gegenüber ihren Kindern sind gegenüber einem Bedürftigen in erster Linie unterhaltspflichtig seine Abkömmlinge (Kinder, Enkel) und zwar nach dem Verhältnis ihrer Erbteile bei gesetzlicher Erbfolge, also bei mehreren anteilsmäßige Unterhaltspflicht. Erst wenn leistungsfähige

Abkömmlinge nicht vorhanden sind, werden die Verwandten aufsteigender Linie (Eltern, Großeltern) unterhaltspflichtig, die näheren Verwandten aufsteigender Linie vor den entfernteren, gleich nahe zu gleichen Teilen (§§ 1606, 1607).

Der nach dieser Reihenfolge Nächstverpflichtete muß den Unterhalt auch dann gewähren, wenn die Rechtsverfolgung gegen den Erstverpflichteten im Inlande ausgeschlossen oder erheblich erschwert ist (also wenn der Erstverpflichtete im Auslande wohnt oder die Zwangsvollstreckung gegen ihn aus sonstigen Gründen nicht zum Erfolg führt) (§ 1607 Abs. 2 S. 1). Der Nächstverpflichtete hat in diesem Falle und nur in diesem Falle ein Rückgriffsrecht gegen den Erstverpflichteten (§ 1607 Abs. 2 S. 2).

b) unter Verwandten und Ehegatten.

Der Ehegatte des Unterhaltsberechtigten ist vor den Verwandten unterhaltspflichtig. Das Verhältnis kehrt sich um, wenn der Ehegatte nicht leistungsfähig ist oder wenn die Rechtsverfolgung gegen ihn ausgeschlossen oder erheblich erschwert ist, im letzteren Falle wiederum mit Rückgriffsrecht gegen den Ehegatten (§ 1608);

c) unter Verwandten und früheren Ehegatten s. § 63 des Ges. über die Ehe, S. 97.

Vorhandensein mehrerer Bedürftiger.

Sind mehrere Unterhaltsberechtigte vorhanden, die der Unterhaltspflichtige im Rahmen seiner Leistungsfähigkeit nicht alle berücksichtigen kann, so sind zu berücksichtigen

zuerst die minderjährigen unverheirateten Kinder und der Ehegatte, die sich evtl. den verfügbaren Betrag teilen müssen,

dann sonstige Kinder (volljährige, verheiratete) und weitere Abkömmlinge,

schließlich die Verwandten aufsteigender Linie und zwar die näheren vor den entfernteren (§ 1609).

Maß des zu gewährenden Unterhalts.

Das Maß bestimmt sich grundsätzlich nach der Lebensstellung des Unterhaltsberechtigten. In der Regel ist der angemessene Unterhalt zu gewähren. Der vom BGB. gebrauchte Begriff „standesmäßiger“ Unterhalt ist überholt. Der Unterhalt umfaßt den ganzen Lebensbedarf, bei einer der Erziehung bedürftigen Person auch die Kosten der Erziehung und Berufsvorbildung (§ 1610 Abs. 2), im Falle des Todes des Unterhaltsberechtigten auch evtl. die Kosten der Beerdigung (§ 1615 Abs. 2).

Der Unterhalt beschränkt sich auf den notdürftigen Unterhalt, d. h. das Existenzminimum

a) für alle Unterhaltsberechtigten, die durch sittliches Verschulden bedürftig geworden sind.

Sittliches Verschulden ist nur ein Verschulden, das auf einem moralisch verwerflichen Grunde beruht, also z. B. Verschwendung eigenen Vermögens, Verlust der Arbeitsfähigkeit infolge Trunksucht, Arbeitsscheu,

b) für Abkömmlinge, Eltern und Ehegatten, wenn sie sich einer Verfehlung schuldig machen, die den Unterhaltspflichtigen berechtigt, ihnen den Pflichtteil zu entziehen (§§ 1611 Abs. 2, 2333, 2334, 2335),

c) für Großeltern und weitere Voreltern, wenn ihnen gegenüber die Voraussetzungen vorliegen, unter denen Kinder berechtigt sind, ihren Eltern den Pflichtteil zu entziehen (§§ 1611 Abs. 2, 2334).

Art des zu gewährenden Unterhalts.

Grundsätzlich kann der Berechtigte Unterhalt in Form einer Geldrente verlangen. Ausnahmsweise kann der Verpflichtete verlangen, den Unterhalt in anderer Form (Naturalverpflegung) zu leisten (§ 1612 Abs. 1). Unverheirateten Kindern gegenüber können die unterhaltspflichtigen Eltern selbst bestimmen, in welcher Form sie ihre Unterhaltspflicht erfüllen wollen (§ 1612 Abs. 2).

Besonderheiten der Unterhaltsansprüche.

a) Der Unterhaltsanspruch entsteht erst mit einer Mahnung des Unterhaltsberechtigten gegenüber dem Unterhaltspflichtigen, die diesen in Verzug setzt, oder mit der Rechtshängigkeit des Unterhaltsanspruchs (Klageerhebung, Stellung eines Güteantrages, Zustellung eines Zahlungsbefehls). Ohne diese Voraussetzung kein Anspruch auf Unterhalt für die Vergangenheit, auch nicht in Form eines Schadensersatzanspruchs (§ 1613).

b) Ein Unterhaltsverzicht des Unterhaltsberechtigten für die Zukunft ist rechtsunwirksam. Ausnahme für Unterhaltsvereinbarungen zwischen Ehegatten für die Zeit nach der Scheidung (§ 72 des Ges. über die Ehe);

c) Unterhaltsrenten sind für die Gläubiger des Empfängers nur bedingt pfändbar (§ 4 Abs. 1, Z. 2 der Lohnpfändungs-VO. vom 30. 10. 1940, RGBl. I S. 1451).

d) Wegen der gesetzlichen Unterhaltsansprüche von Verwandten, Ehegatten (auch der früheren Ehegatten und unehelichen Kinder) ist das Arbeitseinkommen des Unterhaltspflichtigen im weiteren Umfange pfändbar als wegen sonstiger Forderungen gegen ihn (§ 6 Abs. 1, § 5 der Lohnpfändungs-VO. vom 30. 10. 1940). Wegen der Reihenfolge mehrerer Unterhaltsberechtigter bei der Zwangsvollstreckung in das Arbeitseinkommen des Unterhaltspflichtigen s. § 6 Abs. 2 der Lohnpfändungs-VO. vom 30. 10. 1940.

c) Oeffentliche Fürsorgeverbände, die einen Hilfsbedürftigen unterstützen, welcher Unterhaltsansprüche gegen Verwandte, Ehegatten und früheren Ehegatten hat, können durch schriftliche Anzeige an den Unterhaltspflichtigen bewirken, daß der Unterhaltsanspruch auf sie übergeht und zwar für die Zeit von der schriftlichen Mitteilung an. Oeffentliche Fürsorgeverbände haben darüber hinaus unabhängig von dem Bestehen einer Unterhaltspflicht einen unmittelbaren Ersatzanspruch gegen den Ehegatten des Hilfsbedürftigen und bei Kindern bis zu 18 Jahren auch gegen ihre Eltern, selbst wenn diese nicht leistungsfähig sind (§§ 21a, 25a der VO. über die Fürsorgepflicht vom 13. 12. 1924 in der Fassung der VO. vom 5. 6. 1931).

4. Titel. Rechtliche Stellung der ehelichen Kinder.

Die Vorschriften dieses Titels gelten

1. für alle ehelichen Kinder (§§ 1591 ff),
2. für alle Kinder, die als ehelich gelten oder die rechtliche Stellung ehelicher Kinder haben, d. h. für Kinder aus nichtigen Ehen, sofern sie bei Gültigkeit der Ehe ehelich wären (§ 25 des Ges. über die Ehe), für an Kindesstatt angenommene Kinder (§ 1757), für uneheliche Kinder, die durch nachfolgende Ehe ihrer Eltern oder durch Ehelichkeitserklärung legitimiert sind (§§ 1719, 1736), für uneheliche Kinder im Verhältnis zu ihrer Mutter (§ 1705).

Sonstige Vorschriften des BGB., welche die Rechtsstellung ehelicher Kinder beeinflussen, sind z. B.: § 11 (Wohnsitz), § 204 (Verjährung von Ansprüchen zwischen Eltern und Kindern), §§ 1924 ff. (Erbrecht der Kinder), § 2303 (Pflichtteilsrecht der Kinder).

I. Rechtsverhältnis zwischen den Eltern und dem Kinde im allgemeinen.

Die Fülle der Beziehungen zwischen Eltern und Kind beruht vorwiegend auf sittlichen Forderungen und Verpflichtungen. Eine Generalklausel, ähnlich wie die rechtliche Verpflichtung zur ehelichen Lebensgemeinschaft im Verhältnis von Ehegatten untereinander, kennt das BGB. nicht. Es stellt vielmehr, abgesehen von den Vorschriften über die elterliche Gewalt über minderjährige eheliche Kinder, nur einzelne Rechtsvorschriften für das Verhältnis zwischen Eltern und Kindern auf.

1. Das Kind erhält den Familiennamen des Vaters (§ 1616). Den Vornamen bestimmt derjenige, welcher die Sorge für die Person des Kindes hat (§ 1631).

2. Dem elterlichen Haushalt angehörende, von den Eltern erzogene oder unterhaltene (minderjährige oder volljährige) Kinder sind zu (unentgeltlichen) Dienstleistungen im Hauswesen und im Geschäft der Eltern verpflichtet (§ 1617).

3. Bei volljährigen Kindern, die noch dem elterlichen Hausstand angehören und zu den Kosten desselben beitragen, wird angenommen, daß sie dafür von den Eltern keinen Ersatz verlangen wollen (§ 1618).

4. Der Vater oder die Mutter des Kindes können grundsätzlich Einkünfte aus dem Vermögen eines dem elterlichen Haushalt angehörenden volljährigen Kindes nach eigenem Ermessen verwenden, wenn das Kind dem Vater oder der Mutter die Verwaltung seines Vermögens überläßt (§ 1619).

5. Aussteuerpflicht der Eltern (§§ 1620 bis 1623). Aussteuer ist der Inbegriff der der Einrichtung eines Haushaltes dienenden beweglichen Sachen. Der Begriff ist enger als der der Ausstattung (§ 1624).

Anspruch auf eine Aussteuer haben:

Töchter im Falle ihrer Verheiratung, wenn sie nicht aus eigenem Vermögen zur Beschaffung einer Aussteuer in der Lage sind (§ 1620) und nicht schon bei einer früheren Eheschließung eine Aussteuer erhalten haben (§ 1622).

Leistungsverpflichtet ist in erster Linie der Vater, hilfsweise die Mutter (§ 1620).

Zur Geltendmachung des Aussteueranspruchs vor der Heirat muß notfalls einer minderjährigen Tochter ein Pfleger bestellt werden (§ 1909). Nach erfolgter Eheschließung kann evtl. der Mann der Tochter den Anspruch geltend machen, da die Aussteuer eingebrachtes Gut seiner Frau wird oder in das Gesamtgut fällt (§§ 1380, 1438, 1521).

Art und Umfang der Aussteuer.

Die Aussteuer ist in Natur, d. h. durch Beschaffung der nötigen Sachen, nötigenfalls aus den Beständen des elterlichen Haushalts zu leisten. Geldzahlung, wenn sich die Beteiligten darüber einig sind. Für den Umfang der Aussteuer sind die Leistungsfähigkeit des Vaters bzw. der Mutter und die Lebensverhältnisse der Beteiligten, auch örtliche Sitten und Gebräuche maßgebend (§ 1620).

Kein Aussteueranspruch besteht

a) wenn eine minderjährige Tochter sich ohne Einwilligung der Eltern verheiratet (§ 1621 Abs. 1),

b) wenn die Tochter sich einer Verfehlung schuldig macht, die den Verpflichteten berechtigt, ihr den Pflichtteil zu entziehen (§ 1621 Abs. 2, 2333).

Der Anspruch auf eine Aussteuer ist nicht übertragbar, daher auch nicht pfändbar. Er verjährt in einem Jahr von der Eingehung der Ehe der Tochter an (§ 1623).

6. Ausstattung eines Kindes durch die Eltern (§ 1624).

Ausstattung ist alles, was einem Kinde ohne Unterschied, ob minderjährig oder volljährig, Sohn oder Tochter, vom Vater oder der Mutter zur Selbständigmachung oder zur Begründung oder Erhaltung der Wirtschaft oder Lebensstellung oder mit Rücksicht auf seine Verheiratung an Geld oder sonstigen Vermögenswerten zugewendet wird. Ausstattung ist freiwillige Leistung der Eltern auf der Grundlage einer moralischen Verpflichtung, Das Kind hat keinen Rechtsanspruch auf Ausstattung, abgesehen von dem Anspruch der Tochter auf eine Aussteuer (nur die zur Einrichtung eines Hausstandes nötigen beweglichen Sachen). Hingabe eines Geldbetrages an die Tochter bei ihrer Verheiratung außer der Wohnungseinrichtung ist daher Ausstattung. Mit Rücksicht darauf, daß die Gewährung einer Ausstattung aus moralischer Verpflichtung dazu erfolgt, bestimmt das BGB., daß Ausstattungen oder Ausstattungsversprechen nur insoweit als Schenkungen bzw. Schenkungsversprechen anzusehen sind, als sie das den Umständen, insbesondere das den Vermögensverhältnissen des Vaters oder der Mutter entsprechende Maß übersteigen. Praktische Bedeutung in der Anwendbarkeit der Schenkungsvorschriften (§§ 516 ff.) auf übernormale Ausstattungen: notarielle Form des Ausstattungsversprechens, Rückforderungsanspruch wegen eigener Bedürftigkeit, Widerrufsmöglichkeit. (Vgl. z. B. auch § 1465.)

Die Vorschriften über die Gewährleistungspflicht des Schenkers (§§ 521—524) gelten gleichmäßig für normale und übernormale Ausstattungen.

II. Elterliche Gewalt.

1. Elterliche Gewalt des Vaters.

Eheliche minderjährige Kinder stehen unter elterlicher Gewalt. Den ehelichen Kindern stehen gleich:

die durch nachfolgende Ehe oder Ehelichkeitserklärung legitimierten Kinder (§§ 1719, 1736),

Kinder aus nichtigen Ehen, wenn sie im Falle der Gültigkeit der Ehe ehelich wären (§ 25 des Ges. über die Ehe),

an Kindes Statt angenommene Kinder (§ 1757).

Uneheliche Kinder stehen nicht unter elterlicher Gewalt (§ 1707).

Elterliche Gewalt bedeutet juristisch den Inbegriff der Rechte und Pflichten gegenüber einem minderjährigen Kinde hinsichtlich

der Sorge für seine Person,

der Sorge für sein Vermögen,

der Vertretung in persönlichen und Vermögensangelegenheiten.

Verbunden mit der elterlichen Gewalt ist die Nutznießung an etwa vorhandenem Vermögen des Minderjährigen.

Träger der elterlichen Gewalt ist grundsätzlich der Vater des Kindes (§ 1627). Deshalb sind die maßgebenden Vorschriften unter der Ueberschrift „elterliche Gewalt des Vaters" zusammengefaßt. Die Mutter ist Trägerin der elterlichen Gewalt nur unter den Voraussetzungen der §§ 1684, 1685.

Die Unterhaltspflicht gegenüber minderjährigen Kindern beruht auf dem Verwandtschaftsverhältnis und ist im Zusammenhange mit den Vorschriften über die Unterhaltspflicht (§§ 1602, 1603 ff.) geregelt.

Die Sorge für die Person und das Vermögen des Kindes und damit auch die Vertretungsbefugnis erstrecken sich nicht:

auf persönliche oder Vermögensangelegenheiten des Kindes, für die ein Pfleger bestellt ist (§ 1628). Wegen der Voraussetzungen für eine Pflegerbestellung siehe § 1909, S. 82.

Die Vertretungsbefugnis erstreckt sich nicht auf die Angelegenheiten, bei denen ein Vormund von der Vertretung seines Mündels ausgeschlossen ist. Die Vertretungsbefugnis entfällt auch dann, wenn dem Vater diese Befugnis entzogen ist (§§ 1630, 1795, 1796).

A. Sorge für die Person des Kindes.

Sorge für die Person des Kindes ist der umfassende Begriff für das ganze Gebiet der Betreuung, Erziehung und Bildung des heranwachsenden Kindes in körperlicher, geistiger und seelischer Beziehung. Ausdrücklich erwähnt sind folgende Rechte und Pflichten:

a) Erziehungsrecht und -pflicht mit dem Rechte zur Anwendung angemessener Zuchtmittel (§ 1631). Angemessene körperliche Strafen sind daher nicht Körperverletzung im Sinne des StGB.

Die religiöse Erziehung des Kindes bestimmen beide Elternteile gemeinsam, der Vater einseitig nur subsidiär und mit bestimmten Einschränkungen (vgl. Ges. über die religiöse Kindererziehung vom 15. 7. 1921 — RGBl. I S. 939);

b) das Aufsichtsrecht und die Aufsichtspflicht (§ 1631). Aus der Aufsichtspflicht folgt u. U. eine Schadensersatzpflicht des Sorgeberechtigten gegenüber Dritten (§ 832);

c) das Recht und die Pflicht, den Aufenthalt des Kindes zu bestimmen (§ 1631);

Wohnsitz des Kindes im Rechtssinne s. § 11;

d) das Recht, die Herausgabe des Kindes von jedem zu verlangen, der das Kind dem Sorgeberechtigten widerrechtlich vorenthält (§ 1632), z. B. auch von der getrennt lebenden Mutter;

e) die (gesetzliche) Vertretung des Kindes in den seine Person betreffenden Angelegenheiten (§ 1630 Abs. 1), z. B. bei der Stellung von Strafanträgen und sonstigen Anträgen bei Behörden, bei der Eingehung von Dienst- oder Lehrverträgen u. a.

Ausgenommen sind bestimmte Willenserklärungen höchstpersönlicher familienrechtlicher Art, bei denen eine Vertretung der Natur der Sache widerspricht wie z. B. bei der Eheschließung (§ 13 des Ges. über die Ehe), beim Abschluß eines Adoptionsvertrages (§ 1750), eines Ehevertrages (§ 1437 Abs. 1), bei der Testamentserrichtung und beim Abschluß eines Erbvertrages (§§ 1, 29 Test. Ges.); selbständiges Beschwerderecht des über 14 Jahre alten Minderjährigen gegen eine ihn betreffende Verfügung des Vormundschaftsgerichts (§§ 59, 62 FGG). Ausfluß der Vertretungsbefugnis des Vaters ist aber auch die in diesen Fällen ihm als gesetzlichen Vertreter zustehende Zustimmung. Die Kosten der Personensorge gehen zu Lasten des etwaigen Kindesvermögens, soweit sie nicht, was in der Regel der Fall sein wird, als Teil des dem Kinde geschuldeten Unterhalts anzusehen sind (§ 1648).

Beschränkung des Sorgerechts für die Person.

a) Allgemeine Beschränkungen auf Grund öffentlichen Rechts zur Verhütung von Mißbräuchen und bei Versagen des Sorgeberechtigten wie z. B. die Schulpflicht, der Impfzwang, Anordnung der Schutzaufsicht oder Fürsorgeerziehung auf Grund des JWG.;

b) allgemein ist auch die Beschränkung des Sorgerechts des Vaters durch das Mitsorgerecht der Mutter (§ 1634);

c) Beschränkung des Sorgerechts durch Entziehung desselben in einzelnen Beziehungen, z. B. Entziehung der Aufenthaltsbestimmung durch das Vormundschaftsgericht (§ 1666);

d) bei verheirateten minderjährigen Töchtern beschränkt sich die Sorge für die Person auf die Vertretung in persönlichen Angelegenheiten.

Beendigung des Sorgerechts für die Person.

a) Wenn die elterliche Gewalt im ganzen endigt, insbesondere bei Volljährigkeit oder Volljährigkeitserklärung des Kindes, bei Verwirkung der elterlichen Gewalt (§ 1680), bei der Adoption des Kindes durch einen anderen;

b) durch Entziehung des vollen Sorgerechts durch das Vormundschaftsgericht (§ 1666 Abs. 1);

c) im Falle der Scheidung, der Aufhebung oder Nichtigkeitserklärung der Ehe der Eltern, falls sich die Eheleute mit Genehmigung des Vormundschaftsgerichts dahin einigen, daß der Mutter die Sorge für die Person zustehen soll oder das Vormundschaftsgericht von sich aus die Sorge für die Person der Mutter oder einem Pfleger überträgt (§§ 74, 25 Abs. 2, 37 des Ges. über die Ehe);
d) wenn die elterliche Gewalt des Vaters ruht (§§ 1676—1678). Dem Vater bleibt höchstens ein Mitsorgerecht (§ 1676 Abs. 2).

B. Sorge für das Vermögen des Kindes. Vermögensverwaltung.

Gegenstand der Vermögensverwaltung ist das gesamte Vermögen des Kindes einschließlich des der Nutznießung des Vaters nicht unterworfenen freien Vermögens des Kindes (§§ 1638, 1651).

Ausgenommen von der Vermögensverwaltung ist:

a) der Erwerb des Kindes aus Erbschaft, Pflichtteil oder Vermächtnis oder aus einer Schenkung unter Lebenden bei entsprechender ausdrücklicher Bestimmung des Erblassers oder Schenkers, sowie dasjenige, was das Kind auf Grund eines zu einem solchen Vermögen gehörenden Rechts oder als Ersatz für die Zerstörung, Beschädigung oder Entziehung eines zu dem Vermögen gehörenden Gegenstandes oder durch ein Rechtsgeschäft erwirbt, das sich auf dieses Vermögen bezieht (die sogenannte Surrogation, vgl. z. B. auch § 1370);
b) das zu einem Erwerbsgeschäft gehörende Vermögen des Kindes, das dieses mit Ermächtigung des Vaters selbständig betreibt (§ 112).

Der Vater verwaltet das Vermögen des Kindes grundsätzlich nach eigenem Ermessen, geleitet von dem Interesse des Kindes. Er haftet dem Kinde nur für diejenige Sorgfalt, die er in eigenen Angelegenheiten anzuwenden pflegt (§ 1664). Er hat also das Vermögen zu erhalten und vor Schaden zu bewahren und besitzt das Recht, das Kind bei allen erforderlichen Rechtsgeschäften zu vertreten, d. h. es zu verpflichten und über Vermögensgegenstände des Kindes zu verfügen.

Wegen des Ausschlusses der Vermögensverwaltung bzw. der Vertretungsbefugnis in einzelnen Vermögensangelegenheiten s. §§ 1628, 1630 S. 45.

Gegenstand der Vertretungsbefugnis ist auch die Zustimmung oder Einwilligung des Vaters in den Fällen, in denen Zustimmung oder Einwilligung des gesetzlichen Vertreters in Vermögensangelegenheiten erforderlich ist, z. B. §§ 107, 108.

Erwerb von beweglichen Sachen mit Mitteln des Kindes führt zum unmittelbaren Eigentumserwerb des Kindes (§ 1646), also keine Eigentumsübertragung vom Vater an das Kind erforderlich.

Einschränkungen der Handlungsfreiheit des Vaters:

a) Pflicht zur Beachtung von Anordnungen des Erblassers oder Schenkers für die Verwaltung oder Verwendung von Vermögensgegenständen oder ihrer Erträge (§ 1639);

b) Pflicht zur Aufstellung eines Vermögensverzeichnisses, wenn die Mutter des Kindes stirbt (§ 1640);

c) Verbot von Schenkungen aus dem Vermögen des Kindes mit Ausnahme der sogenannten Anstandsschenkungen (§ 1641);

d) Pflicht zur verzinslichen Anlage von verfügbarem Gelde des Kindes (§ 1642);

e) der Vater bedarf für eine Reihe von Rechtsgeschäften, die er in Vertretung des Kindes vornehmen will, der Genehmigung des Vormundschaftsgerichts (wie der Vormund zu Rechtsgeschäften für den Mündel) und zwar handelt es sich hierbei

einmal um Verfügungen über Grundstücke oder Rechte an Grundstücken mit Ausnahme von Hypotheken, Grundschulden und Rentenschulden und um Verfügungen über diesbezügliche Forderungen usw. (§§ 1643 Abs. 1, 1821 Abs. 1, Nr. 1—4 und Abs. 2), (vgl. S. 74)

ferner um die in § 1822 Nr. 1, 3, 5, 8—11 aufgeführten Rechtsgeschäfte, (vgl. S. 74)

schließlich um die Ausschlagung einer Erbschaft oder eines Vermächtnisses, sowie um den Verzicht auf den Pflichtteil. (§ 1643 Abs. 2, 3).

Die Rechtswirksamkeit derartiger Verfügungen und Rechtsgeschäfte, die der Vater ohne Genehmigung des Vormundschaftsgerichts vornimmt, richtet sich nach den §§ 1825, 1828—1831 (vgl. S. 74).

Beendigung der Vermögensverwaltung.

Die Vermögensverwaltung des Vaters endigt:

a) ebenso wie das Sorgerecht für die Person und zugleich mit diesem, wenn die elterliche Gewalt im ganzen endigt, insbesondere beim Tode, bei Volljährigkeit oder Volljährigkeitserklärung des Kindes, bei Verwirkung der elterlichen Gewalt oder wenn diese zum Ruhen kommt, bei der Adoption des Kindes durch einen anderen;

b) wenn dem Vater die Vermögensverwaltung durch das Vormundschaftsgericht entzogen wird,

nach § 1666 Abs. 2 wegen Verletzung des Rechts des Kindes auf Gewährung des Unterhalts, nach § 1670 wegen Nichtbeachtung seiner zur Sicherung des Kindesvermögens erlassenen Anordnungen,

c) mit der Rechtskraft des Beschlusses, durch den der Konkurs über das Vermögen des Vaters eröffnet wird (§ 1647).

Folgen der Beendigung der Vermögensverwaltung des Vaters.

Pflicht zur Herausgabe des Vermögens an das Kind selbst oder an denjenigen, der die Vermögensverwaltung übernimmt (Pfleger oder anderer Inhaber der elterlichen Gewalt, bei der Annahme an Kindes Statt an den Annehmenden).

Wegen der Verpflichtung des Vaters, auch nach Beendigung der elterlichen Gewalt infolge des Todes des Kindes für dringende Geschäfte weiter zu sorgen, bis der Erbe anderweit Fürsorge treffen kann und wegen der Berechtigung des Vaters, die Geschäfte solange weiter zu führen, bis er von der Beendigung der Vermögensverwaltung Kenntnis erlangt (vgl. §§ 1682, 1683).

C. Nutznießung.

Mit der elterlichen Gewalt verbunden ist schließlich die Nutznießung an etwa vorhandenem Vermögen des Kindes. Der Nutznießung steht die Unterhaltsverpflichtung gegenüber. Die Erträge des Kindesvermögens sind in erster Linie zum Unterhalt des Kindes zu verwenden (§ 1602 Abs. 2). Das Nutznießungsrecht des Vaters ist höchst persönlicher Art und daher unübertragbar (§ 1658).

Gegenstand des Nutznießungsrechts ist das gesamte Kindesvermögen mit Ausnahme des freien Vermögens. Zum freien Vermögen gehören:

die ausschließlich zum persönlichen Gebrauch des Kindes bestimmten Sachen, insbesondere Kleider, Schmuckstücke und Arbeitsgeräte (§ 1650),

der Arbeitsverdienst des Kindes und der Gewinn aus dem ihm gestatteten selbständigen Betrieb eines Erwerbsgeschäfts (vgl. §§ 1366, 1367, Vorbehaltsgut der Ehefrau), (§ 1651 Z. 1),

der Erwerb aus Erbschaft, Pflichtteil oder Vermächtnis oder Schenkung, wenn der Erblasser oder Schenker die Nutznießung des Vaters ausgeschlossen haben (§ 1651 Z. 2),

schließlich der Surrogationserwerb (§ 1651 Abs. 2).

Inhalt des Nutznießungsrechts

ist die Befugnis, die Nutzungen des Kindesvermögens zu ziehen und zwar nach Art und Umfang wie ein Nießbraucher (§§ 1652, 1030). Nutzungen sind die Früchte einer Sache oder eines Rechts, sowie die Vorteile, welche der Gebrauch der Sache oder des Rechts gewähren (§ 100).

Abweichungen von den Nießbrauchsbestimmungen:

Verbrauchbare Sachen werden nicht Eigentum des Vaters (§§ 1067, 1653). Der Vater darf jedoch verbrauchbare Sachen und Geldbeträge, die zur Substanz des Kindesvermögens gehören, für sich veräußern oder verbrauchen, Geld jedoch nur mit Genehmigung des Vormundschaftsgerichts. Ersatzpflicht nach Beendigung der Nutznießung, evtl. schon vorher (§ 1653), den Gläubigern des Kindes gegenüber auch sofort (§ 1659 Abs. 2).

Der Vater hat die Lasten des seiner Nutznießung unterworfenen Vermögens zu tragen (§ 1654).

Lasten in diesem Sinne sind die Kosten, die auch der Ehemann beim Güterstand der Verwaltung und Nutznießung als Nutznießer des eingebrachten Gutes zu tragen hat (§§ 1654 S. 1, 2, 1384—1386). Außerdem gehören zu den Lasten die Kosten eines für das Kind geführten Prozesses, sowie die Kosten der Verteidigung des Kindes in einem Strafverfahren gegen das Kind. Den Gläubigern des Kindes haftet der Vater für die in den §§ 1385—1386 aufgeführten Zahlungverpflichtungen persönlich als Gesamtschuldner neben dem Kinde und zwar unabhängig von dem Umfange seiner Nutzungen. Reichen die Nutzungen des Kindesvermögens nicht aus, kann sich der Vater der Haftung durch Verzicht auf die Nutznießung entziehen (§ 1662).

Die Nutznießung am Erwerbsgeschäft des Kindes, das der Vater im Namen des Kindes betreibt, beschränkt sich auf den Reingewinn (§ 1655). Der Gewinn aus einem von dem Kinde selbständig betriebenen Erwerbsgeschäft gehört zu seinem freien Vermögen.

Steht dem Vater die Verwaltung des seiner Nutznießung unterworfenen Vermögens nicht zu, z. B. weil sie ihm vom Vormundschaftsgericht entzogen ist, so kann er nur die Herausgabe des Reinertrags verlangen (§ 1656 Abs. 1). Die Verwendung des Reinertrages bleibt ihm überlassen, ist ihm aber die Sorge für die Person und das Vermögen entzogen oder ruht die elterliche Gewalt, so können zur Sicherstellung des Unterhalts des Kindes von dem Reinertrag vorab die Kosten des Unterhalts des Kindes abgezogen werden (§ 1656 Abs. 2).

Nutznießungsrecht und Schulden des Kindes.

Das Nutznießungsrecht des Vaters steht hinter den Ansprüchen der Gläubiger des Kindes zurück (§ 1659), wenn diese sich an das nicht freie Vermögen des Kindes anstatt an das freie halten. Zur Zwangsvollstreckung in das der Nutznießung unterworfene Vermögen des Kindes gehört ein gegen das Kind gerichtetes Urteil (§ 746 ZPO.). Im Verhältnis von Vater und Kind, d. h. im Verhältnis von nicht freiem zum freien Vermögen des Kindes haftet für Schulden des Kindes grundsätzlich das nicht freie Vermögen (Folge des Vertretungsrechts des Vaters).

Ausnahmen hiervon sind die gleichen Fälle, in denen im Innenverhältnis zwischen Mann und Frau beim gesetzlichen Güterstand der Verwaltung und Nutznießung das Vorbehaltsgut für die Verbindlichkeiten der Frau haftet (§§ 1660, 1415, 1416 Abs. 1), s. S. 15, 16.

Ausgleichspflicht zwischen freiem und der Nutznießung unterworfenem Vermögen des Kindes (§§ 1660, 1417).

Nutznießungsrecht und Schulden des Vaters.

Die Gläubiger des Vaters können seine Ansprüche auf die Erträge des Vermögens des Kindes nicht pfänden, da diese unübertragbar sind (§§ 1658, 862 ZPO.), anders bereits erworbene Früchte und fällige Ansprüche.

Ende der Nutznießung.

Die Nutznießung des Vaters endigt:

a) mit Beendigung der elterlichen Gewalt selbst (vgl. S. 53),
b) mit Entziehung der Nutznießung durch das Vormundschaftsgericht (§ 1666 Abs. 2),
c) durch Verzicht des Vaters (§ 1662),
d) durch Verheiratung des Kindes, es sei denn, daß sich das Kind ohne die erforderliche Einwilligung des Vaters verheiratet (§ 1661).

Keine Beendigung der Nutznießung durch Ruhen der elterlichen Gewalt (§ 1678).

D. Elterliche Gewalt und Vormundschaftsgericht.

Grundsatz ist: das Vormundschaftsgericht greift in die Ausübung der elterlichen Gewalt durch den Vater nur dann ein, wenn dies aus besonderen Gründen im Interesse des Kindes erforderlich ist (§§ 1665—1675). Im übrigen ist der Vater im Rahmen der gesetzlichen Bestimmungen in der Ausübung der elterlichen Gewalt unabhängig und nicht wie der Vormund (§ 1837) der ständigen Aufsicht des Vormundschaftsgerichts unterworfen.

Das Vormundschaftsgericht greift ein:

a) wenn der Vater tatsächlich oder rechtlich verhindert ist, die elterliche Gewalt auszuüben, soweit nicht die Mutter zur Ausübung berufen ist. Das Vormundschaftsgericht hat Maßnahmen konkreter Art zu treffen oder einen Pfleger zu bestellen (§ 1665);
b) zur Abwendung von Gefahren für das leibliche oder geistige Wohl des Kindes auf Grund schuldhafter Verletzungen der Pflicht zur Sorge für die Person des Kindes (§ 1666 Abs. 1). Maßnahmen nach

zweckmäßigem Ermessen des Vormundschaftsrichters bis zur Trennung des Kindes von dem Vater und Unterbringung in einer geeigneten Familie oder Anstalt, mit Entziehung des Sorgerechts für die Person des Kindes in einzelnen Beziehungen oder im ganzen mit gleichzeitiger Bestellung eines Pflegers, Anordnung der Schutzaufsicht oder Ueberweisung in Fürsorgeerziehung nach Maßgabe von §§ 56, 62, 63 JWG.

(Schutzaufsicht zur Verhütung der körperlichen, geistigen und sittlichen Verwahrlosung; Fürsorgeerziehung zur Verhütung und Beseitigung der Verwahrlosung).

Schutzaufsicht läßt das Sorgerecht des Vaters unberührt, bei Fürsorgeerziehung gehen die tatsächliche Fürsorge, das Erziehungs- und Beaufsichtigungsrecht und das Recht der Aufenthaltsbestimmung auf die Fürsorgebehörde über; diese wird gesetzlicher Vertreter für Rechtsgeschäfte, welche Dienst- oder Lehrverträge des Kindes betreffen. Sie verwaltet und verwendet den Arbeitsverdienst des Kindes (§ 70 Abs. 3 JWG.);

c) zur Sicherung des Unterhalts des Kindes, wenn das Kind von seinem Vater aus dessen Verschulden nicht den zu seinem leiblichen Wohl erforderlichen Unterhalt erhält und das auch weiterhin zu befürchten ist: Das Vormundschaftsgericht kann dem Vater außer den nach § 1666 Abs. 1 etwa erforderlichen Maßnahmen auch die Vermögensverwaltung und die Nutznießung entziehen (§ 1666 Abs. 2).

d) zur Abwendung von Gefahren für das Vermögen des Kindes (§ 1667). Maßnahmen nach zweckmäßigem Ermessen des Vormundschaftsgerichts, insbesondere

Anordnung, daß der Vater ein Vermögensverzeichnis einreicht und Rechnung legt,

ferner Anordnung zur Hinterlegung von Wertpapieren und Kostbarkeiten mit Sperrung zu Gunsten des Vormundschaftsgerichts (im einzelnen §§ 1667, 1814—1816, 1818—1820), äußerstenfalls Anordnung einer Sicherheitsleistung (§ 1668), Entziehung der Vermögensverwaltung (mit Pflegerbestellung) kommt erst in Frage, wenn der Vater den Anordnungen nach §§ 1667, 1668 nicht nachkommt (§ 1670).

Ergänzender Art sind die Vorschriften des § 1673 (Anhörung des Vaters vor Entscheidungen des Vormundschaftsgerichts, welche die elterliche Gewalt des Vaters betreffen),

des § 1674, der eine Schadensersatzpflicht des Vormundschaftsrichters bei vorsätzlicher oder fahrlässiger Verletzung der ihm obliegenden Aufsichtspflichten vorsieht, des § 1675, der die Verpflichtung des Jugendamtes (Gemeindewaisenrats) vorsieht, dem Vormundschaftsgericht Anzeige zu machen, wenn ihm ein Fall zur Kenntnis gelangt, in dem das Vormundschaftsgericht einschreiten muß.

E. Ruhen der elterlichen Gewalt.

Die elterliche Gewalt des Vaters ruht, d. h. sie kann mit Ausnahme der Nutznießung nicht ausgeübt werden (§ 1678), wenn

a) der Vater geschäftsunfähig ist (§ 1676 Abs. 1),

b) der Vater in der Geschäftsfähigkeit beschränkt ist (§ 1676 Abs. 2) oder

c) wenn er für seine Person und sein Vermögen trotz unbeschränkter eigener Geschäftsfähigkeit einen Gebrechlichkeitspfleger nach § 1910 Abs. 1 erhalten hat (§ 1676 Abs. 2),

d) wenn das Vormundschaftsgericht durch Beschluß feststellt, daß der Vater auf längere Zeit an der Ausübung der elterlichen Gewalt tatsächlich (nicht aus Rechtsgründen) verhindert ist (§ 1677), z. B. bei längerer Freiheitsstrafe. Bei kürzerer tatsächlicher oder rechtlicher Verhinderung s. § 1665.

Folgen des Ruhens der elterlichen Gewalt des Vaters.

Der Vater verliert das Recht, die elterliche Gewalt auszuüben. Die Nutznießung an etwaigem Kindesvermögen bleibt ihm, wenn sie nicht der Mutter übertragen wird (§§ 1678, 1685 Abs. 2). An Stelle des Vaters übt bei Bestehen der Ehe die Mutter des Kindes die elterliche Gewalt aus (§ 1685 Abs. 1). Ist die Ehe bereits aufgelöst, so kann das Vormundschaftsgericht der Mutter die Ausübung übertragen (§ 1685 Abs. 2). In allen anderen Fällen ist Vormundbestellung erforderlich.

In den Fällen zu b) behält der Vater die Mitsorge für die Person des Kindes ohne das dazu gehörige Vertretungsrecht in persönlichen Angelegenheiten.

F. Beendigung der elterlichen Gewalt des Vaters.

Die elterliche Gewalt endigt

a) mit dem Tode oder der Todeserklärung des Kindes,

b) mit seiner Volljährigkeit oder Volljährigkeitserklärung,

c) mit seiner Annahme an Kindes Statt durch eine andere Person.

d) mit dem Tode des Vaters oder seiner Todeserklärung. Wiederaufleben bei unrichtiger Todeserklärung auf diesbezügliche Willenserklärung des Vaters gegenüber dem Vormundschaftsgericht (§ 1679);

e) durch Verwirkung auf Grund einer Verurteilung wegen einer an dem Kinde verübten schweren Straftat und zwar automatisch mit Rechtskraft des Urteils (§ 1680), ferner durch Verwirkung in dem Sonderfall des § 1771 Abs. 2 (Nichtigkeit der Ehe zwischen dem Annehmenden und dem an Kindes Statt Angenommenen).

Folgen der Beendigung der elterlichen Gewalt.

Uebergang der elterlichen Gewalt auf die Mutter oder Bestellung eines Vormundes.

Pflicht des Vaters oder seiner Erben zur Herausgabe des Kindesvermögens an das Kind selbst oder seinen neuen gesetzlichen Vertreter, desgleichen Pflicht zur Rechenschaftslegung (§ 1681, 259—261). Die Pflicht zur Herausgabe des Kindesvermögens und die Rechenschaftspflicht besteht auch in den Fällen, in denen die elterliche Gewalt ruht oder die Vermögensverwaltung beendigt ist. Vgl. ferner §§ 1682, 1683.

II. Elterliche Gewalt der Mutter.

Der Mutter steht die elterliche Gewalt zu:

a) wenn der Vater gestorben oder für tot erklärt ist (§ 1684 Abs. 1 Z. 1),
b) wenn der Vater die elterliche Gewalt verwirkt hat, aber nur, wenn die Ehe der Eltern bereits aufgelöst, d. h. geschieden, aufgehoben oder für nichtig erklärt ist. Bei bestehender Ehe ist also Vormundbestellung erforderlich (§ 1684 Abs. 1 Ziff. 2),
c) wenn der Vater an der Ausübung der elterlichen Gewalt tatsächlich verhindert ist oder seine elterliche Gewalt aus rechtlichen oder tatsächlicen Gründen ruht und zwar:

   kraft Gesetzes, solange die Ehe zwischen den Eltern besteht, auf Antrag der Mutter, wenn die Ehe bereits aufgelöst ist (§ 1685).

Inhalt der elterlichen Gewalt der Mutter.

Die Mutter hat als Trägerin der elterlichen Gewalt dieselben Rechte und Pflichten wie der Vater (§ 1686), sie hat also das Recht und die Pflicht der Sorge für die Person und das Vermögen des Kindes einschließlich seiner Vertretung und auch die Nutznießung, soweit diese nicht etwa nach § 1685 Abs. 1 dem Vater verbleibt.

Besonderheiten. Das Vormundschaftsgericht kann der Mutter einen Beistand bestellen und zwar

a) wenn der Vater durch letztwillige Verfügung die Bestellung angeordnet hat (§ 1687 Z. 1),

b) wenn die Mutter die Bestellung selbst beantragt (§ 1687 Z. 2),
c) wenn das Vormundschaftsgericht die Bestellung aus besonderen Gründen für nötig erachtet (§ 1687 Z. 3), z. B. wegen des Umfangs oder der Schwierigkeit der Verwaltung des Kindesvermögens.

Der Beistand kann bestellt werden entweder für alle Angelegenheiten der Ausübung der elterlichen Gewalt, für gewisse Arten von Angelegenheiten oder auch nur für einzelne Angelegenheiten (z. B. Vertretung des Kindes bei einer Erbauseinandersetzung). Auf Antrag der Mutter kann dem Beistand auch die gesamte Vermögensverwaltung zur selbständigen Wahrnehmung übertragen werden (§ 1693).

Aufgaben des Beistandes.

Der Beistand hat eine ähnliche Stellung wie der Gegenvormund, d. h. er hat die Mutter bei der Ausübung der elterlichen Gewalt zu unterstützen und zu überwachen und dem Vormundschaftsgericht Anzeige zu machen, falls dessen Einschreiten erforderlich ist (§ 1689).

Die Mutter bedarf der Genehmigung des Beistandes innerhalb seines Wirkungskreises zu jedem Rechtsgeschäft, zu dem ein Vormund der Genehmigung des Vormundschaftsgerichts oder des Gegenvormundes bedarf. Seine Genehmigung wird durch Genehmigung des Vormundschaftsgerichts ersetzt (§ 1690). Vgl. ferner §§ 1691, 1692. Für die Berufung, Bestellung und Beaufsichtigung des Beistandes, für seine Haftung und seine Ansprüche auf eine etwaige Vergütung und für die Beendigung seines Amtes gelten die gleichen Vorschriften wie beim Gegenvormund (§ 1694).

Beendigung und Ruhen der elterlichen Gewalt der Mutter.

Gründe der Beendigung und des Ruhens der elterlichen Gewalt der Mutter und ihre Folgen sind dieselben wie bei der Beendigung der elterlichen Gewalt des Vaters.

Verlust der elterlichen Gewalt der Mutter tritt außerdem ein

bei Eingehung einer neuen Ehe. Die Mutter behält in diesem Falle aber die Sorge für die Person des Kindes ohne Vertretungsbefugnis in persönlichen Angelegenheiten (§ 1697), Vormundbestellung erforderlich.

Vg. § 48 FGG.: Pflicht des Standesbeamten zur Anzeige an das Vormundschaftsgericht, wenn von einer Frau, die ein minderjähriges eheliches Kind hat, eine Ehe geschlossen wird.

Ruht die elterliche Gewalt der Mutter wegen eigener Minderjährigkeit (§§ 1686, 1676 Abs. 2), so ist Bestellung eines Vormundes erforderlich. Die Mutter behält aber die Sorge für die Person ohne Vertretungsbefugnis (§ 1696).

5. Titel. Rechtliche Stellung der Kinder aus nichtigen Ehen.

(§§ 1699 bis 1704).

Die Vorschriften dieses Titels sind durch das Gesetz über die Ehe vom 20. Februar 1946 aufgehoben. Maßgebend ist jetzt § 25 dieses Gesetzes (vgl. S. 89, 90).

6. Titel. Rechtliche Stellung der unehelichen Kinder.

Unehelich sind Kinder, die nicht nach § 1591 ehelich sind oder im Falle der Nichtigkeit einer Ehe nach dieser Vorschrift ehelich sein würden, d. h. Kinder einer unverheirateten Frau und Kinder einer verheirateten Frau, die nicht von ihrem Ehemann erzeugt sind, wenn die Ehelichkeit erfolgreich angefochten ist.

Die Vorschriften des BGB. über die rechtliche Stellung der unehelichen Kinder finden ebenso wie die über eheliche Kinder ihre Ergänzung in den Vorschriften des JWG., insbesondere §§ 24 ff., 35 ff. (Aufsichtsrechte, Vormundschaft des Jugendamts).

1. Verhältnis des Kindes zu seiner Mutter.

a) Grundsätzlich hat das uneheliche Kind im Verhältnis zu seiner Mutter und zu ihren Verwandten die rechtliche Stellung eines ehelichen Kindes (§ 1705). Folgen z. B.: gegenseitige Unterhaltspflicht (§ 1606), Erbrecht (§§ 1924 ff.), Pflichtteilsrecht (§ 2303). Anwendbar sind aber auch §§ 1617 ff. über das Rechtsverhältnis zwischen Eltern und Kind im allgemeinen.

Ausnahmen:

Der Mutter steht nicht die elterliche Gewalt über ihr uneheliches Kind, sondern nur die Sorge für die Person des Kindes unter Ausschluß der Vertretung zu (§ 1707). Daher ist Bestellung eines Vormundes zur Vertretung des unehelichen Kindes und zur Sorge für das Vermögen erforderlich. Vormund ist nach § 35 JWG. das zuständige Jugendamt; es kann aber auch ein Einzelvormund — auch in der Person der Mutter selbst — bestellt werden (§§ 40, 44 JWG.).

b) Das uneheliche Kind erhält den Familiennamen der Mutter (§ 1706 Abs. 1) und zwar den Familiennamen der Mutter z. Zt. der Geburt des Kindes. Bei Aenderung des Familiennamens der Mutter vor der Geburt des Kindes infolge Verheiratung bleibt es bei dem Familienamen der Mutter vor Eingehung der Ehe.

Der Ehemann der Mutter kann aber ihrem unehelichen Kinde durch Erklärung gegenüber der zuständigen Behörde (Standesamt) mit Einwilligung von Mutter und Kind bzw. dessen gesetzlichen Vertreters seinen Familiennamen erteilen (§ 1706 Abs 2 S. 2).

2. Verhältnis des unehelichen Kindes zu seinem Vater.

Als Vater des Kindes im Sinne der §§ 1708—1716 gilt, wer der Mutter innerhalb der Empfängniszeit (181. bis 302. Tag vor der Entbindung) beigewohnt hat. Gegenbeweis der offenbaren Unmöglichkeit des Empfängnisses aus der Beiwohnung (z. B. wegen bereits bestehender Schwangerschaft) möglich. Die Vermutung der Vaterschaft entfällt aber auch, wenn noch ein anderer Mann der Mutter des Kindes innerhalb der Empfängniszeit beigewohnt hat (§ 1717). Der Vater kann sich hierauf jedoch nicht mehr berufen, wenn er die Vaterschaft nach der Geburt des Kindes in öffentlicher Urkunde anerkannt hat (§ 1718). Das Verhältnis zwischen dem unehelichen Kinde und seinem Vater wird durch den Grundsatz bestimmt, daß Vater und Kind im Rechtssinne nicht als verwandt gelten (§§ 1589 Abs. 2, 1705), daher insbesondere kein gegenseitiges gesetzliches Erbrecht, kein Zeugnisverweigerungsrecht (§ 383 ZPO., § 51 StPO.), aber Eheverbot nach § 4 Abs. 1 des Gesetzes über die Ehe.

Trotz rechtlicher Nichtverwandtschaft besteht jedoch eine Unterhaltspflicht des Vaters gegenüber dem Kinde und zwar

bis zur Vollendung des 16. Lebensjahres des Kindes unbedingt und ohne Rücksicht auf die Bedürftigkeit des Kindes, die eigene Leistungsfähigkeit und die Leistungsfähigkeit der nach allgemeinen Grundsätzen ebenfalls unterhaltspflichtigen Mutter und ihrer Verwandten (§§ 1708 Abs. 1, 1709),

nach Vollendung des 16. Lebensjahres nur ausnahmsweise, wenn das Kind infolge geistiger oder körperlicher Gebrechen außerstande ist, sich selbst zu unterhalten und nur im Rahmen der Leistungsfähigkeit des Vaters (§§ 1708 Abs. 2, 1603 Abs. 1).

Gegenstand des Unterhaltsanspruchs ist der gesamte Lebensbedarf des Kindes (§ 1708), evtl. auch die Beerdigungskosten (§ 1703 Abs. 2). Erstattungsanspruch des Kostenträgers der Fürsorgeerziehung gegen den Vater s. § 75 JWG.

Unbeschränkte Pfändbarkeit des Arbeitseinkommens des Vaters wegen der Unterhaltsansprüche unehelicher Kinder s. § 6 Abs. 1 Lohnpfändungs-VO. 1940.

Der Unterhaltsanspruch des Kindes wird von seinem Vormund geltend gemacht.

Bei Konkurrenz mit anderen Unterhaltsansprüchen z. B. ehelicher Kinder des Vaters und seines Ehegatten s. § 6 Abs. 2 Lohnpfändungs-Verordnung 1940: Die Ansprüche unehelicher Kinder treten hinter denen ehelicher Kinder und des Ehegatten zurück.

Form der Unterhaltsgewährung: Geldrente (§ 1710). Unterhaltsanspruch auch für die Vergangenheit gegeben (§ 1711 im Gegensatz zur Regel des § 1613), Unterhaltsvereinbarung zwischen Vater und gesetzlichem Vertreter des Kindes auch in Form der Gewährung einer einmaligen Abfindung möglich, aber von der Genehmigung des Vormundschaftsgerichts abhängig (§ 1714).

Erlöschen des Unterhaltsanspruchs des Kindes:

Nur beim Tode des Kindes und auch dann nur für zukünftige Leistungen (§ 1713).

Kein Erlöschen beim Tode des Vaters, d. h. die Erben des Vaters haften für die Unterhaltsleistung wie für andere Nachlaßverbindlichkeiten (§§ 1967 ff.) und zwar auch dann, wenn der Vater schon vor der Geburt des Kindes gestorben ist (§ 1712).

Abfindungsrecht der Erben mit einem einmaligen Betrage (Geldbetrag oder sonstige Vermögensgegenstände), der nach dem Pflichtteil zu berechnen ist, auf den das Kind Anspruch hätte, wenn es ehelich wäre (§§ 1712 Abs. 2, 2303).

3. Ansprüche der Mutter des unehelichen Kindes gegen den Vater.

Die Mutter kann von dem Vater verlangen,

a) Ersatz der normalen Entbindungskosten und der Kosten des eigenen Unterhalts für die ersten 6 Wochen nach der Entbindung, sowie der weiteren Aufwendungen, die infolge Schwangerschaft und Entbindung entstanden sind (z. B. besondere Arztkosten, aber nicht Verdienstausfall, da insoweit keine Aufwendung vorliegt) (§ 1715),

b) Sicherstellung des Kindesunterhalts für die ersten 3 Monate nach der Geburt und Sicherstellung der normalen Entbindungskosten und der Unterhaltskosten der für die ersten 6 Wochen nach der Entbindung, notfalls im Wege der einstweiligen Verfügung (§ 940 ZPO.). Da ein Vormund als gesetzlicher Vertreter des Kindes erst mit dessen Geburt bestellt werden kann, ist in diesen Fällen die Mutter selbst berechtigt, die Ansprüche zu verfolgen.

7. Titel. Legitimation unehelicher Kinder.

Das BGB. kennt zwei Arten der Legitimation unehelicher Kinder:

a) die Legitimation durch nachfolgende Eheschließung des Vaters und der Mutter (§§ 1719—1722),

b) die Ehelichkeitserklärung auf Antrag des Vaters in den Fällen, in denen die Eheschließung nicht möglich oder nicht beabsichtigt ist (§§ 1723—1740).

A. Legitimation durch nachfolgende Eheschließung.

Das uneheliche Kind wird durch die Eheschließung zwischen seinem Erzeuger und der Mutter kraft Gesetzes eheliches Kind seiner Eltern (§ 1719).

Voraussetzung jedoch ist,

daß der Ehemann der Mutter tatsächlich Erzeuger des Kindes ist. Dies ist in der Regel anzunehmen, wenn er der Mutter innerhalb der gesetzlichen Empfängniszeit beigewohnt hat (§§ 1720, 1717 Abs. 2). Beiwohnung innerhalb der Empfängniszeit wird vermutet, wenn der Vater nach der Geburt des Kindes seine Vaterschaft in öffentlicher Urkunde anerkannt hat (§ 1720 Abs. 2).

Verfahren:

Mitteilungspflicht des Standesbeamten an das Vormundschaftsgericht bei der Eheschließung von Verlobten, die ein gemeinsames uneheliches Kind haben (§ 22 der VO. vom 19. Mai 1938 RGBl. I S. 533 zur Ausführung des Personenstandsgesetzes vom 3. 11. 1937, RGBl. I S. 1146). Feststellung der Legitimation durch Beschluß des Vormundschaftsgerichts (ohne Antrag von Amtswegen) und Anordnung der Beischreibung im Geburtenbuch (§ 31 Personenstandsgesetz).

Die Legitimation unehelicher Kinder durch nachfolgende Eheschließung des Vaters mit der Mutter tritt auch dann ein, wenn die Ehe der Eltern nichtig ist, wenn das Kind aber bei Gültigkeit der Ehe legitimiert wäre (§ 1721).

Wirkungen der Legitimation durch nachfolgende Eheschließung.

Das Kind erlangt und zwar mit Wirkung vom Zeitpunkte der Eheschließung der Eltern die Stellung eines ehelichen Kindes der Eheschließenden. Der Vater wird gesetzlicher Vertreter des Kindes, die bisherige Vormundschaft ist beendet, das Kind erhält den Familiennamen des Vaters. Die Wirkungen der Legitimation durch Eheschließung erstrecken sich auch auf die Abkömmlinge des legitimierten Kindes und zwar auch dann, wenn das legitimierte Kind selbst vor der Eheschließung der Eltern gestorben ist (§ 1722).

B. Ehelichkeitserklärung.

Die Ehelichkeitserklärung erfolgt im Gegensatz zur Legitimation durch nachfolgende Ehe durch staatliche Verfügung auf Antrag des

Vaters des Kindes. Die Ehelichkeitserklärung ist reine Ermessenssache der zuständigen Behörde (§ 1734).

(Durch Artikel 6 des Gesetzes über die Aenderung und Ergänzung familienrechtlicher Vorschriften vom 12. April 1938 sind die ursprünglichen Vorschriften der §§ 1723—1740 zum Teil geändert).

Zur Entscheidung berufen ist der Landgerichtspräsident, in dessen Bezirk der Vater des unehelichen Kindes Wohnsitz oder Aufenthalt hat (§ 10 der VO. zur Vereinheitlichung der Zuständigkeit in Familien- und Nachlaßsachen vom 31. 5. 1934 — RGBl. I S. 472 und Art. 7 der Bestimmungen zur Durchführung dieser VO. vom 27. 7. 1934 — RGBl. I S. 738 —).

Voraussetzungen der Ehelichkeitserklärung.

1. Gerichtlich oder notariell beurkundeter Antrag des Vaters des unehelichen Kindes mit der Erklärung, daß er das Kind als das seinige anerkenne (§§ 1723, 1725, 1730). Der minderjährige oder sonst beschränkt geschäftsfähige Vater muß zu seinem Antrage die Zustimmung seines gesetzlichen Vertreters und die Genehmigung des Vormundschaftsgerichts haben, muß den Antrag aber selbst stellen (§§ 1728, 1729).

2. Gerichtlich oder notariell beurkundete Einwilligungserklärung des Kindes (§ 1726 Abs. 1, 2, § 1730) und zwar für geschäftsunfähige Kinder oder Kinder bis zu 14 Jahren durch den gesetzlichen Vertreter mit Genehmigung des Vormundschaftsgerichts (§ 1728 Abs. 2). Für Kinder von 14 bis 21 Jahren und für volljährige, anderweit in der Geschäftsfähigkeit beschränkte Kinder ist die Einwilligungserklärung des Kindes selbst mit Zustimmung des gesetzlichen Vertreters und Genehmigung des Vormundschaftsgerichts erforderlich (§ 1729 Abs. 1 u. 2).

3. Gerichtlich oder notariell beurkundete Einwilligungserklärung der Mutter des Kindes, solange das Kind noch minderjährig ist (§§ 1726, 1730). Bei beschränkter Geschäftsfähigkeit der Mutter ist Zustimmung ihres gesetzlichen Vertreters nicht erforderlich (§ 1729 Abs. 3). Die Einwilligung der Mutter ist bei Verweigerung unter Umständen ersetzbar (§ 1727), sie ist unter Umständen nicht erforderlich (§ 1726 Abs. 3).

4. Gerichtlich oder notariell beurkundete Einwilligungserklärung der Ehefrau des Vaters, wenn dieser verheiratet ist (§§ 1726, 1730). Bei beschränkter Geschäftsfähigkeit der Ehefrau ist Zustimmung ihres gesetzlichen Vertreters nicht erforderlich (§ 1729 Abs. 3).

Hindernisse der Ehelichkeitserklärung.

1. Ein Kind soll nicht für ehelich erklärt werden, wenn z. Zt. seiner Erzeugung die Ehe zwischen den Eltern wegen Verwandtschaft nach § 4 des Ehegesetzes vom 20. Februar 1946 verboten war.
2. Eine Ehelichkeitserklärung nach dem Tode des Kindes ist nicht mehr möglich (§ 1733 Abs. 1).
3. Ehelichkeitserklärung nach dem Tode des Vaters ist nur unter den besonderen Voraussetzungen des § 1733 möglich.

Wirkungen der Ehelichkeitserklärung.

1. Das Kind erlangt (mit Wirkung für die Zukunft) die rechtliche Stellung eines ehelichen Kindes (§ 1736), d. h. der Vater erhält die volle elterliche Gewalt. Die Mutter verliert die Sorge für die Person des Kindes (§ 1738). Die bisher über das Kind geführte Vormundschaft endet von selbst. Das Kind erhält den Familiennamen des Vaters.
2. Die Ehelichkeitserklärung erstreckt sich auf die Abkömmlinge des Kindes und begründet ein Verwandtschaftsverhältnis zwischen dem Vater und dem Kinde und dessen Abkömmlingen, aber nicht zwischen dem Kinde und den Verwandten des Vaters, auch kein Schwägerschaftsverhältnis zwischen dem Kinde und seinen Abkömmlingen und der Ehefrau des Vaters, zwischen dem Ehegatten des Kindes und dem Vater (§ 1737 Abs. 1).
3. Die zwischen dem legitimierten Kinde und seinen Verwandten mütterlicherseits bestehenden Rechte und Pflichten bleiben unberührt (§ 1737 Abs. 2). Die Unterhaltspflicht des Vaters geht jedoch der der Mutter und ihrer Verwandten vor (§ 1739).
4. Inventarisierungs- und Auseinandersetzungspflicht des Vaters bei Eingehung einer Ehe (§§ 1740, 1669—1771).

Die Wirkungen der Ehelichkeitserklärung treten auch dann ein, wenn die zuständige Behörde zu Unrecht angenommen hat, daß ihr gesetzliche Voraussetzungen vorlagen (§ 1735).

Zurücknahme und Anfechtung der Ehelichkeitserklärung.

Nach § 1735 a, der durch das FamRAendGes. vom 23. April 1938 (RGBl I S. 417) eingefügt ist, kann die Verfügung, durch die ein Kind für ehelich erklärt worden ist, durch den Reichsjustizminister zurückgenommen werden, wenn sich herausstellt, daß derjenige, der den Antrag auf die Ehelichkeitserklärung gestellt hat, nicht der Vater des Kindes ist.

Die Gültigkeit dieser dem BGB. ursprünglich fremden Vorschrift ist zweifelhaft, da sie die Umgehung rassischer Vorschriften durch Ehelichkeitserklärung verhindern sollte.

Unberührt bleibt die Anfechtung des Antrages auf Ehelichkeitserklärung eines Kindes durch den Antragsteller gemäß § 1731 bei irriger Annahme seiner Vaterschaft und die Feststellung der Nichtehelichkeit des Kindes durch Klage und Gerichtsurteil.

8. Titel. Annahme an Kindes Statt (Adoption).

Während es sich bei der Legitimataion unehelicher Kinder darum handelt, eigenen Kindern die Rechtsstellung ehelicher Kinder zu geben, bietet die Adoption eine rechtlich geschützte Form dafür, ein Eltern- und Kindesverhältnis zwischen Personen herzustellen, die nicht miteinander verwandt sind.

Voraussetzungen:

1. in der Person des Annehmenden:

Der Annehmende darf keine lebenden ehelichen Abkömmlinge (Kinder, Enkel usw.) haben (§ 1741). Das Vorhandensein eines angenommenen Kindes steht einer weiteren Annahme an Kindes Statt nicht entgegen (§ 1743).

Der Annehmende muß das 50. Lebensjahr vollendet haben und mindestens 18 Jahre älter sein als der Anzunehmende (§ 1744). Von den Altersvoraussetzungen kann das Amtsgericht, das für die Bestätigung des Annahmevertrages zuständig ist, Befreiung bewilligen (§ 1745, § 11 der VO. v. 31. 5. 1934 — RGBl. I S. 472).

Der Annehmende muß, wenn er verheiratet ist, die Einwilligung seines Ehegatten zur Annahme eines anderen an Kindes Statt haben (§ 1746 Abs. 1), wenn nicht der Fall vorliegt, daß beide Ehegatten das Kind gemeinschaftlich annehmen (§ 1749),

2. in der Person des Kindes (des Anzunehmenden):

Das Kind muß die Einwilligung seiner leiblichen Eltern haben, solange es minderjährig ist. Ist das Kind unehelich geboren, muß es bis zur Volljährigkeit die Einwilligung seiner Mutter haben (§ 1747).

Auch das Kind muß die Einwilligung seines Ehegatten haben, wenn es selbst verheiratet ist (§ 1746 Abs. 1).

Die Einwilligungserklärungen der Ehegatten des Annehmenden oder des Kindes, der Eltern oder der Mutter des Kindes sind entbehrlich, wenn diese Personen zur Abgabe einer Erklärung dauernd außer Stande sind oder ihr Aufenthalt dauernd unbekannt ist (§§ 1746, 1747).

Die Wichtigkeit und Bedeutung der in den §§ 1746, 1747 als erforderlich bezeichneten Einwilligungserklärungen wird durch die Formvorschriften des § 1748 unterstrichen. Die Einwilligungserklärungen bedürfen der gerichtlichen oder notariellen Beurkundung.

Form der Annahme an Kindes Statt.

Erforderlich ist ein gerichtlich oder notariell beurkundeter Annahmevertrag (§§ 1741, 1750 Abs. 2). Vertretung beim Abschluß des Annahmevertrages ist weder für den Annehmenden noch für das Kind zulässig. Ausnahme nur für den gesetzlichen Vertreter eines anzunehmenden Kindes unter 14 Jahren (§ 1750 Abs. 1, S. 2).

Hiervon abgesehen bedarf der Annehmende zum Abschluß eines Annahmevertrages, wenn er beschränkt geschäftsfähig ist (§ 114), der Zustimmung seines gesetzlichen Vertreters und auch der Genehmigung des Vormundschaftsgerichts. Dasselbe gilt für das Kind, wenn es beschränkt geschäftsfähig ist. Für das geschäftsunfähige Kind schließt, wie schon erwähnt, sein gesetzlicher Vertreter den Vertrag ab, muß aber zum Abschluß ebenfalls die Genehmigung des Vormundschaftsgerichts haben (§§ 1750, 1751).

Inhalt des Annahmevertrages.

Inhalt des Annahmevertrages sind in der Hauptsache nur die Erklärungen der Beteiligten über die Annahme an Kindes Statt. Die Vertragsparteien haben daneben, soweit es sich um die Wirkungen der Kindesannahme handelt, nur geringen Spielraum. Sie können vereinbaren, daß das Kind seinen früheren Familiennamen dem neuen Namen, d. h. dem Familiennamen des Annehmenden, nicht hinzufügen darf (§ 1758), ferner daß die Nutznießung des Annehmenden an dem Vermögen des Kindes, sowie das Erbrecht des Kindes dem Annehmenden gegenüber ausgeschlossen wird (§ 1767).

Die Aufnahme von Vereinbarungen zwischen den leiblichen Eltern oder der unehelichen Mutter des Kindes und dem Annehmenden (z. B. über eine Abfindung) in den Annahmevertrag ist im Rahmen des § 138 möglich.

Bestätigung des Annahmevertrages.

Die Bestätigung des Annahmevertrages ist Erfordernis für seine Rechtswirksamkeit (§ 1741 S. 2). Die Annahme an Kindes Statt tritt mit der rechtskräftigen Bestätigung des Vertrages in Kraft (§ 1754 Abs. 1).

Zuständig für die Bestätigung des Annahmevertrages ist nach §§ 65, 66 FGG. das Amtsgericht des Wohnortes, evtl. des Aufenthaltsorts des Annehmenden.

Die Bestätigung durfte nach § 1754 Abs. 2 in der ursprünglichen Fassung nur versagt werden, wenn ein gesetzliches Erfordernis der Annahme an Kindes Statt fehlt.

Nach § 1754 in der Fassung des Gesetzes gegen Mißbräuche bei der Eheschließung und der Annahme an Kindes Statt vom 23. 11. 1933 (RGBl. I S. 979) ist die Bestätigung ferner zu versagen,

> wenn begründete Zweifel daran bestehen, daß durch die Annahme ein dem Eltern- und Kindesverhältnis entsprechendes Familienband hergestellt werden soll,
>
> wenn vom Standpunkte der Familie des Annehmenden oder im öffentlichen Interesse wichtige Gründe gegen die Herstellung eines Familienbandes zwischen den Vertragschließenden sprechen.

Die Gültigkeit der neuen Versagungsgründe ist zweifelhaft. Soweit sie auf die Verhinderung der Begründung von Kindesannahmeverhältnissen zwischen Juden und Nichtjuden, Erbkranken und Gesunden abzielten, kann selbstverständlich die Bestätigung nicht mehr versagt werden.

Nach § 1754 Abs. 3 ist vor der Entscheidung des Gerichts über die Bestätigung die höhere Verwaltungsbehörde zu hören. Auch diese Bestimmung beruht auf dem Gesetz vom 23. 11. 1933. Ihre Rechtsgültigkeit ist deshalb ebenfalls zweifelhaft, da die Einschaltung der höheren Verwaltungsbehörde geeignet ist, die Entschließung des unabhängigen Richters über die Bestätigung zu beeinflussen.

Die Bestätigung des Annahmevertrages ist nicht mehr möglich, wenn das Kind bereits verstorben ist. Nach dem Tode des Annehmenden ist die Bestätigung nur ausnahmsweise noch möglich, wenn der Antrag auf Bestätigung bereits vor dem Tode eingereicht oder die beurkundende Stelle mit der Einreichung beauftragt war (§ 1753).

Die Bestätigung nach dem Tode des Annehmenden hat die gleiche Wirkung wie eine Bestätigung, die vor dem Tode erfolgt ist, gibt also insbesondere dem Kinde das Erbrecht gegenüber dem Annehmenden (§§ 1753 Abs. 3, 2043).

Die Bestätigung heilt alle Formmängel (§ 1756 Abs. 1).

Wirkungen des bestätigten Annahmevertrages für den Annehmenden und das Kind.

Das Kind erlangt die rechtliche Stellung eines ehelichen Kindes und zwar, wenn ein Ehepaar gemeinschaftlich ein Kind annimmt oder ein

Ehegatte das Kind des anderen, die rechtliche Stellung eines gemeinschaftlichen ehelichen Kindes. (Mann: elterliche Gewalt, Frau: Mitsorgerecht für die Person — §§ 1757, 1627, 1630, 1634).

Im BGB. besonders hervorgehobene Wirkungen der Annahme an Kindes Statt:

a) das Kind erhält den Familiennamen des Annehmenden, bei gemeinschaftlicher Annahme durch ein Ehepaar den des Mannes, bei Annahme durch eine verheiratete Frau deren Geburtsnamen. Verbindung des neuen Familiennamens mit dem eigenen möglich, soweit nicht im Annahmevertrage etwas anderes bestimmt (§ 1758);

b) ein gesetzliches Erbrecht des Annehmenden beim Tode des Kindes ist ausgeschlossen (§ 1759). Erbeinsetzung durch Testament möglich, soweit das Kind ein Testament errichten kann. Umgekehrt hat das Kind Erbrecht gegenüber dem Annehmenden, wenn es nicht im Annahmevertrage ausgeschlossen ist (§ 1767). Ausgeschlossen ist natürlich auch ein Erbrecht des Kindes gegenüber des Verwandten des Annehmenden gegenüber dem Kinde, da zwischen diesen Personen kein Verwandtschaftsverhältnis entsteht (§ 1763);

c) Pflicht des Annehmenden zur Aufnahme eines Verzeichnisses des Vermögens des Kindes (§ 1760);

d) Pflicht zur Auseinandersetzung des Annehmenden mit dem Kinde über gemeinschaftliches Vermögen bei Eingehung einer Ehe durch den Annehmenden (§§ 1761, 1669—1671).

Einfluß der Kindesannahme auf die Verwandten des Annehmenden und des Kindes.

Grundsätzlich ergeben sich aus der Annahme an Kindes Statt keinerlei verwandtschaftliche oder rechtliche Beziehungen zwischen den beiderseitigen Verwandten. Ausnahme für Abkömmlinge des Kindes, die nach dem Vertragsschluß geboren werden. Sie erlangen die rechtliche Stellung von Enkelkindern des Annehmenden, Namensrecht, Unterhaltsrecht und Unterhaltspflicht, Erb- und Pflichtteilsrecht, letzteres nicht, wenn das Erbrecht des Kindes selbst vertraglich ausgeschlossen ist (§ 1762 S. 1).

Abkömmlinge des Kindes, die bereits bei Vertragsschluß am Leben sind, treten in keinerlei Beziehung zu dem Annehmenden und seinen Verwandten. Sollen die Wirkungen der Annahme an Kindes Statt auf sie erstreckt werden, so müssen sie den Annahmevertrag selbst mitschließen bzw. sie müssen ihm später beitreten.

Der Ehegatte des Annehmenden wird mit dem Kinde nicht verschwägert, umgekehrt auch nicht der Ehegatte des Kindes mit dem Annehmenden (§ 1763). Die Beziehungen, die sich aus dem natürlichen Verwandtschaftsverhältnis zwischen dem Kinde und seinen eigenen Verwandten ergeben, bleiben durch die Annahme an Kindes Statt grundsätzlich unberührt mit der allerdings wichtigen Ausnahme, daß die leiblichen Eltern zu Gunsten des oder der Annehmenden die elterliche Gewalt, die uneheliche Mutter die Sorge für die Person des minderjährigen Kindes verlieren (§ 1765 Abs. 1). Ob den leiblichen Eltern bzw. der unehelichen Mutter das Recht des persönlichen Verkehrs mit dem Kinde bleibt, ist umstritten. Hierüber kann aber im Annahmevertrage etwas bestimmt werden.

Die Unterhaltspflicht des Annehmenden gegenüber dem Kinde und seinen Abkömmlingen, auf welche sich die Annahme erstreckt, geht der Unterhaltspflicht der Verwandten des Kindes vor (§ 1766).

Beendigung des Kindesannahmeverhältnisses.

1. In der Form eines Aufhebungsvertrages und seiner Bestätigung durch das Amtsgericht.

   Der Aufhebungsvertrag muß zwischen dem Annehmenden, dem Kinde und denjenigen Abkömmlingen geschlossen werden, auf welche sich die Wirkungen der Annahme erstrecken. Bei gemeinschaftlicher Annahme durch ein Ehepaar und bei Annahme eines Kindes eines Ehegatten durch den anderen müssen beide Ehegatten und das Kind den Aufhebungsvertrag abschließen (§ 1768). Die Aufhebung des Annahmeverhältnisses durch Vertrag kann auch nach dem Tode des Kindes erfolgen, jedoch nur, wenn Abkömmlinge da sind, auf welche sich die Wirkung der Annahme erstreckte (§ 1769). Nach dem Tode des Annehmenden ist der Abschluß eines Aufhebungsvertrages nicht mehr möglich, ausgenommen den Fall, daß nur der eine Teil eines gemeinschaftlich annehmenden Ehepaares stirbt (§§ 1768, 1769).

Der Aufhebungsvertrag unterliegt denselben Formvorschriften wie der Annahmevertrag. Auch der Aufhebungsvertrag bedarf der gerichtlichen Bestätigung (§ 1770).

§ 1770 ist einmal durch das Gesetz gegen Mißbräuche bei der Eheschließung und der Annahme an Kindes Statt vom 23. 11. 1933 (RGBl. I S. 979) und in seinem Abs. 2 nochmals durch Art. 4, § 11 des Ges. über die Aenderung und Ergänzung familienrechtlicher Vorschriften usw. v. 12. 4. 1938 (RGBl. I S. 380) geändert worden. Wegen der Gültigkeit dieser Aenderungen vergleiche die Bemerkungen zu der Frage der Voraussetzungen für die Bestätigung des Annahmevertrages, S. 64.

2. Durch die Eheschließung zwischen dem Annehmenden und dem Kinde (§ 1771).

Zu berücksichtigen, daß der im § 1771 angezogene § 1311 BGB. inzwischen ebenfalls aufgehoben und inhaltlich durch § 7 des Ges. Nr. 16: über die Ehe vom 20. 2. 1946 ersetzt worden ist.

3. Durch eine Entscheidung des Amtsgerichts, welches den Annahmevertrag bestätigt hat und zwar nach Maßgabe des Art. 5 (§§ 12—25) des Ges. über die Aenderung und Ergänzung familienrechtlicher Vorschriften usw. vom 12. 4. 1938 (RGBl. I S. 380).
Voraussetzung ist, daß wichtige Gründe in der Person des Annehmenden oder des Kindes die Aufrechterhaltung des Annahmeverhältnisses sittlich nicht mehr gerechtfertigt erscheinen lassen. Antragsberechtigt ist außer dem Annehmenden und dem Kinde die zuständige höhere Verwaltungsbehörde. Die Gültigkeit dieser Vorschriften muß bezweifelt werden.

4. Durch Feststellungsurteil des Prozeßgerichts über das Nichtbestehen eines Annahmeverhältnisses, wenn eine der Vertragsparteien den Annahmevertrag wegen Irrtums, Drohung oder arglistiger Täuschung angefochten hat und wenn es über die daraus hergeleitete Nichtigkeit des Annahmevertrages zum Streit kommt (§ 1755).

Folgen der Aufhebung des Kindesannahmeverhältnisses.

Wegfall der durch die Annahme begründeten Rechtswirkungen (nicht mit rückwirkender Kraft) einschließlich des Verlustes des Rechts für den Annehmenden und seine Abkömmlinge, auf welche sich die Aufhebung erstreckt, den Familiennamen des Annehmenden weiterzuführen (§ 1772).

Wichtig ist, daß mit der Aufhebung des Kindesannahmeverhältnisses die leiblichen Eltern die elterliche Gewalt über das Kind, die uneheliche Mutter die Sorge für die Person des Kindes nicht wieder erlangen. Das Kind muß also, falls es noch minderjährig ist, einen Vormund erhalten. Nur in dem Falle, daß der Vater oder die Mutter dem Kinde wieder Unterhalt gewähren müssen, treten das Recht und die Pflicht, für die Person des Kindes zu sorgen, wieder ein, niemals aber die Vertretungsbefugnis (§ 1765).

Dritter Abschnitt.
Vormundschaft.

1. Titel. Vormundschaft über Minderjährige.

Vormundschaft über Minderjährige ist die staatlich geregelte und staatlich beaufsichtigte Fürsorge für Minderjährige, die infolge Todes der Eltern oder aus bestimmten anderen Gründen aufsichts- und fürsorgebedürftig sind. Die Vorschriften des BGB. werden durch die des Reichsgesetzes für Jugendwohlfahrt (JWG.) vom 9. Juli 1922, RGBl. I S. 633, ergänzt, dessen Abschnitt IV im Anhang abgedruckt ist.

Die Aufbringung der Unterhaltskosten für die bevormundeten Minderjährigen richtet sich nach den allgemeinen Vorschriften über den Unterhalt hilfsbedürftiger Personen.

I. Anordnung der Vormundschaft.

Grundsatz: Die Vormundschaft wird vom Vormundschaftsgericht von Amts wegen angeordnet, sobald das Gericht von der Notwendigkeit einer solchen Anordnung im Einzelfall Kenntnis erlangt (§ 1774).

Anordnung der Vormundschaft ist nicht erforderlich bei minderjährigen unehelichen Kindern, da bei ihnen mit der Geburt kraft Gesetzes die Amtsvormundschaft des Jugendamtes eintritt (§ 35 JWG.).

Wegen der Anzeigepflicht des Standesbeamten an das Vormundschaftsgericht oder an das Jugendamt in Bezug auf Geburts- und Todesanzeigen und Eheschließungen, welche die Einleitung einer Vormundschaft erforderlich machen können, vgl. § 48 FGG. und § 36 JWG.

Einen Vormund müssen erhalten:

a) alle minderjährigen Kinder, die nicht unter elterlicher Gewalt stehen oder deren Eltern weder in den ihre Person noch ihr Vermögen betreffenden Angelegenheiten zu ihrer Vertretung berechtigt sind (§ 1773 Abs. 1),

b) alle minderjährigen Kinder, deren Familienstand nicht zu ermitteln ist (§ 1773 Abs. 2).

Zur Gruppe a) gehören alle unehelichen Kinder (§ 1707), eheliche Kinder, wenn die Eltern tot oder für tot erklärt sind oder wenn keinem von den lebenden Eltern das Vertretungsrecht als Bestandteil der elterlichen Gewalt (infolge Ruhens, Verwirkung oder Entziehung) zusteht.

Vormund eines unehelichen Kindes ist das Jugendamt des Geburtsortes (gesetzliche Amtsvormundschaft — § 35 JWG.), im übrigen hat das Vormundschaftsgericht nach Anhörung des Jugendamtes eine geeignete Persönlichkeit als Vormund zu bestellen (bestellte Vormundschaft — § 1779).

Bei der bestellten Vormundschaft ist als Vormund berufen d. h. es hat in erster Linie Anspruch darauf, als Vormund bestellt zu werden:

1. wer von dem Vater des Mündels als Vormund benannt ist,
2. wer von der ehelichen Mutter des Mündels als Vormund benannt ist,
3. der Großvater des Mündels von väterlicher Seite,
4. der Großvater des Mündels von mütterlicher Seite (§§ 1776, 1777).

Die berufenen Personen dürfen ohne ihre Zustimmung nur übergangen werden, wenn in ihrer Person ein Hinderungsgrund vorliegt (§§ 1778, 1780—1784).

In der Regel wird für den Mündel und auch für mehrere zu bevormundende Geschwister nur ein Vormund bestellt (§ 1775), in besonderen Fällen mehrere Vormünder — Mitvormünder — zur gemeinschaftlichen Führung der Vormundschaft oder mit getrennten Wirkungskreisen (§§ 1797, 1798).

Neben dem Vormunde kann in besonderen Fällen, in der Regel dann, wenn der Vormund ein größeres Mündelvermögen zu verwalten hat, ein Gegenvormund bestellt werden (§ 1792), dessen Aufgabe sich im wesentlichen auf die Kontrolle der Amtsführung des Vormundes und die Entscheidung über Genehmigung oder Nichtgenehmigung von bestimmten Rechtsgeschäften des Vormundes beschränkt (§§ 1799, 1812).

1. Das Vormundschaftsgericht d a r f als Vormund oder Gegenvormund (auch trotz etwaiger Berufung nach § 1776) nicht bestellen:

   Geschäftsunfähige und wegen Geistesschwäche, Verschwendung oder Trunksucht Entmündigte (§§ 1780, 1792 Abs. 4).

   (Rechtsfolge: Nichtigkeit der Bestellung.)

2. Das Vormundschaftsgericht s o l l nicht bestellen:

   a) Minderjährige oder nach § 1906 unter vorläufige Vormundschaft gestellte Personen (§ 1781 Z. 1),
   b) Personen, die nach § 1910 wegen körperlicher oder geistiger Gebrechen einen Pfleger erhalten haben (§ 1781 Z. 2),
   c) Gemeinschuldner im Konkurse (§ 1781 Z. 3),
   d) Personen, die in einem Strafurteil der bürgerlichen Ehrenrechte verlustig erklärt sind (§ 1781 Z. 4),
   e) Personen, die durch letztwillige Verfügung des Vaters oder der ehelichen Mutter des Mündels von der Vormundschaft ausgeschlossen sind (§ 1782),
   f) Beamte oder Geistliche ohne die landesgesetzlich etwa vorgeschriebene Erlaubnis (§ 1784).

(Rechtsfolge der Bestellung eines Ungeeigneten in den Fällen a bis f: Die Bestellung ist zwar gültig, kann aber Schadensersatzansprüche des

Mündels gegen den Vormundschaftsrichter nach sich ziehen (§§ 1848, 839 Abs. 1 u. 3).

Uebernahme der Vormundschaft ist Pflicht.

Zur Uebernahme kann der zu Bestellende durch Ordnungsstrafen seitens des Vormundschaftsgerichts angehalten werden (§ 1788). Grundlose Ablehnung kann Schadensersatzansprüche des Mündels nach sich ziehen (§ 1787).

Gründe zur berechtigten Ablehnung der Uebernahme einer Vormundschaft oder Gegenvormundschaft sind nur:

Vollendung des 60. Lebensjahres,

Besitz von mehr als 4 minderjährigen ehelichen Kindern,

Krankheit oder Gebrechen,

weite Entfernung des Wohnsitzes vom Sitze des Vormundschaftsgerichts,

Verpflichtung zur Sicherheitsleistung gemäß § 1844,

Bestellung zur gemeinschaftlichen Führung der Vormundschaft mit einem anderen,

Führung von mehr als einer Vormundschaft oder Pflegschaft,

schließlich bei Frauen der Besitz von 2 und mehr noch nicht schulpflichtigen Kindern (§ 1786).

Der Vormund wird vom Vormundschaftsgericht verpflichtet und erhält als Legitimation eine schriftliche Bestallung (§§ 1789, 1791).

II. Führung der Vormundschaft.

Die Vormundschaft wird grundsätzlich ehrenamtlich geführt. Der Vormund erhält nur ausnahmsweise auf Grund einer Bewilligung des Vormundschaftsgerichts eine Vergütung, die nur aus dem vorhandenen Vermögen des Mündels gezahlt werden kann. Jugendämter, Anstalts- oder Vereinsvormünder erhalten niemals eine Vergütung (§§ 1836 BGB., 33, 47 JWG.).

Anspruch des Vormundes auf Ersatz von Aufwendungen gegen den Mündel (§ 1835 BGB., 33, 47 JWG.).

Schadensersatzpflicht des Vormundes gegenüber dem Mündel wegen schuldhafter Pflichtverletzung (§ 1833).

Rechte und Pflichten des Vormundes im einzelnen.

Der Vormund hat für die Person und das Vermögen des Mündels zu sorgen und den Mündel in persönlichen und Vermögensangelegenheiten zu vertreten (§ 1793 entsprechend §§ 1627, 1630 beim Inhaber der elterlichen Gewalt).

Allgemeine Beschränkungen der Befugnisse des Vormundes.

a) In der Sorge für die Person und das Vermögen und damit insoweit auch in der Vertretung des Mündels

in allen Angelegenheiten des Mündels, für die ein Pfleger bestellt ist, z. B. nach §§ 1909, 1801 (§ 1794),

b) in der Vertretung des Mündels

bei Rechtsgeschäften zwischen ihm selbst und dem Mündel, ausgenommen reinen Erfüllungsgeschäften (§ 181),

ebenso bei Rechtsgeschäften zwischen dem Mündel und dem Ehegatten des Vormundes und seinen geradlinigen Verwandten, ausgenommen reinen Erfüllungsgeschäften,

bei Rechtsgeschäften, welche Uebertragung oder Belastung einer gesicherten Forderung des Mündels gegen den Vormund oder Aufhebung oder Minderung der Sicherheit zum Gegenstand haben, bei Rechtsstreiten zwischen Mündel und Ehegatten oder geradlinigen Verwandten des Vormundes, sowie bei Rechtsstreiten über sonstige Angelegenheiten, in denen der Vormund des Mündels nicht vertreten kann (§ 1795).

A. Sorge für die Person des Mündels.

Der Vormund hat die gleichen Rechte und Pflichten wie der Inhaber der elterlichen Gewalt (§§ 1800, 1801, 1631—1633) vgl. S. 45.

Der Vormund hat auch die religiöse Erziehung des Mündels zu bestimmen, bedarf aber dazu der Genehmigung des Vormundschaftsgerichts (§§ 3, 10 des Ges. über die religiöse Kindererziehung vom 15. Juli 1921, RGBl. I S. 939).

Bei unehelichen Kindern bleibt das Sorgerecht für die Person (ausschließlich des Rechts zur Vertretung in persönlichen Angelegenheiten) der unehelichen Mutter, der Vormund hat insoweit nur die Stellung eines Beistandes (§ 1707).

B. Sorge für das Vermögen des Mündels.

Der Vormund verwaltet das Vermögen seines Mündels und verfügt darüber. Er ist gesetzlicher Vertreter des Mündels in dessen Vermögensangelegenheiten. Er ist aber anders als der Inhaber der elterlichen Gewalt einer Reihe von einschränkenden Bestimmungen unterworfen und hat besondere Pflichten.

Besondere Pflichten.

a) Pflicht zur Auskunftserteilung gegenüber dem Vormundschaftsgericht (§ 1839).

b) Pflicht zur Aufstellung und Einreichung eines Vermögensverzeichnisses bei Uebernahme der Vormundschaft (§ 1802).

c) Verpflichtung zur jährlichen Rechnungslegung über seine Vermögensverwaltung (§ 1840). Wegen der Form der Rechnungslegung, Beteiligung eines Gegenvormundes s. §§ 1841, 1842. (Der Inhaber der elterlichen Gewalt hat die Pflicht zur Aufstellung eines Vermögensverzeichnisses nur in besonderen Fällen — §§ 1640, 1667, 1669 —, eine Verpflichtung zur Rechnungslegung besteht für ihn überhaupt nicht).

d) Verpflichtung zur verzinslichen Anlage von Geld, das zum Vermögen des Mündels gehört und das nicht zur Bestreitung von Ausgaben bereit zu halten ist (§ 1806). Die Anlegungsart ist dem Vormund durch §§ 1807—1811 im Interesse der größtmöglichsten Sicherheit des Mündelgeldes genau vorgeschrieben. Der Vormund hat die Wahl zwischen den im § 1807 Abs. 1 Z. 1—5 aufgeführten Anlagemöglichkeiten, zu denen hilfsweise die Anlage gemäß § 1808 tritt. Es handelt sich im wesentlichen um Anlage in sicheren Hypotheken, Grund- oder Rentenschulden, verbriefte Forderungen gegen öffentliche Körperschaften, Wertpapieren und auf Sparkonten bei öffentlichen Sparkassen, evtl. auch auf Konten bei bestimmten sicheren privaten Bankinstituten.

Eine anderweitige Geldanlage ist dem Vormund nur mit Genehmigung des Vormundschaftsgerichts gestattet (§ 1811). Die Anlage auf einem Sparkonto bei einer Sparkasse (§ 1807 Abs. 1 Z. 5) oder bei einer Bank (§ 1808) soll mit der Bestimmung erfolgen, daß zur Erhebung des Geldes die Genehmigung des Gegenvormundes, falls vorhanden, oder des Vormundschaftsgerichts erforderlich ist (Sperrvermerk) (§ 1809).

e) Verpflichtung zur Hinterlegung von Inhaberpapieren, die zum Vermögen des Mündels gehören oder zur Umschreibung auf den Namen des Mündels (§§ 1814—1817), ebenfalls mit Sperrvermerk. Inhaberpapiere, die als verbrauchbare Sachen anzusehen sind, wie z. B. Banknoten, Zins-, Renten- oder Gewinnanteilscheine, brauchen nicht hinterlegt zu werden (§ 1814 S. 2).

Beschränkungen der Verwaltungs- und Verfügungsbefugnis des Vormundes.

a) Vermögen, das der Mündel von Todeswegen oder unter Lebenden als Schenkung erwirbt, muß der Vormund nach den etwaigen Anordnungen des Erblassers oder des Schenkers verwalten, soweit es nicht kraft Anordnung des Erblassers oder Schenkers überhaupt seiner Verwaltung entzogen ist (§ 1803). Vgl. § 1909.

b) Schenkungen aus dem Vermögen des Mündels sind dem Vormund verboten mit Ausnahme der sogenannten Anstandsschenkungen (§§ 1804, 534)

c) der Vormund darf Vermögen des Mündels nicht für sich verwenden, weder Geld noch Sachen, auch nicht in der Form der Entnahme als Darlehen oder der Benutzung beweglicher Sachen (§ 1805). Verstöße machen den Vormund schadensersatzpflichtig (§ 1833). Geld, das der Vormund für sich verwendet, muß er verzinsen (§ 1834).

Ausnahmen: Jugendämter können Mündelgelder auch bei der das Jugendamt errichtenden Körperschaft, d. h. bei der Kasse der betreffenden Gemeinde oder des betreffenden Gemeindeverbandes anlegen und damit indirekt für ihre (öffentlichen) Zwecke verwenden (§ 33 Abs. 2 JWG.). Strafrechtlicher Schutz des Mündels § 266 StGB. — Untreue —.

d) Der Vormund bedarf der Genehmigung eines etwa vorhandenen Gegenvormundes, sonst des Vormundschaftsgerichts, zu allen Verfügungen über Forderungen des Mündels (auf Zahlung von Geld oder Leistung von Sachen) und über sonstige Rechte, kraft deren der Mündel eine Leistung verlangen kann (insbesondere Hypotheken, Grund- und Rentenschulden) und schließlich zu Verfügungen über Wertpapiere des Mündels (§ 1812). Wegen allgemeiner Ermächtigung zu solchen Rechtsgeschäften durch das Vormundschaftsgericht s. § 1825.

Auch die Annahme einer dem Mündel geschuldeten Leistung ist Verfügung über die Forderung, da sie durch die Annahme der Leistung erlischt.

Handelt es sich um Verfügungen, die nach §§ 1819—1822 auf alle Fälle der Genehmigung des Vormundschaftsgerichts bedürfen, ist die Genehmigung des etwaigen Gegenvormundes entbehrlich.

Im Interesse der Verkehrserleichterung ist bei der Annahme von dem Mündel geschuldeten Leistungen die Genehmigung des Gegenvormundes (oder des Vormundschaftsgerichts) entbehrlich (§ 1813),

wenn der Gegenstand der Leistung nicht in Geld oder Wertpapieren besteht,

wenn der Anspruch nicht mehr als RM 300,— beträgt,

wenn Geld zurückgezahlt wird, das der Vormund selbst angelegt hat (bezieht sich im wesentlichen nur auf vom Vormund vorübergehend angelegte Gelder des Mündels, zu deren Anlage der Vormund an sich nicht verpflichtet ist),

wenn der Anspruch zu den Nutzungen des Mündelvermögens gehört, wenn es sich um Ansprüche auf Erstattung von Kosten der Kündigung oder der Rechtsverfolgung oder auf sonstige Nebenleistungen handelt.

e) Der Vormund bedarf zu einer Reihe von Verfügungen über Vermögen des Mündels oder zu Rechtsgeschäften im Namen des Mündels der Genehmigung des Vormundschaftsgerichts (§ 1821, 1822).

Es handelt sich hierbei

erstens um die Gruppe der Immobiliargeschäfte (§ 1821), ferner die Gruppe der sonstigen für den Mündel bedeutungsvollen Rechtsgeschäfte (s. den Katalog des § 1822).

Zu § 1822 Z. 6: Bei Minderjährigen, die der Fürsorgeerziehung überwiesen sind, gilt die Erziehungsbehörde anstelle des Vormundes für alle Rechtsgeschäfte, welche die Eingehung, Aenderung oder Aufhebung eines Dienst- oder Lehrvertrages betreffen, als gesetzlicher Vertreter des Mündels (§ 70 JWG.).

Zu § 1822 Z. 8—10: Das Vormundschaftsgericht kann dem Vormund für Rechtsgeschäfte dieser Art eine allgemeine Ermächtigung erteilen, wenn dies zum Zwecke der Vermögensverwaltung, insbesondere zum Betriebe eines Erwerbsgeschäfts erforderlich ist.

f) Der Vormund bedarf der Genehmigung des Vormundschaftsgerichts, wenn er ein neues Erwerbsgeschäft im Namen des Mündels beginnen oder ein bestehendes Erwerbsgeschäft des Mündels auflösen will (§ 1823).

g) Der Vormund darf Gegenstände, zu deren Veräußerung die Genehmigung des Gegenvormundes oder des Vormundschaftsgerichts erforderlich ist, dem Mündel nicht zur freien Verfügung überlassen, bevor der Vertrag genehmigt ist (§ 1824).

Form und Wirkungen der Genehmigung oder der Ablehnung der Genehmigung durch das Vormundschaftsgericht in den Fällen der §§ 1812, 1821—1823.

Die Genehmigungserklärung des Vormundschaftsgerichts oder die Erklärung über die Verweigerung der Genehmigung sind obrigkeitliche Akte. Die Genehmigungserklärung kann nur dem Vormund selbst gegenüber abgegeben werden (§ 1828). Gegen die Versagung der Genehmigung steht dem Vormund, evtl. auch dem über 14 Jahre alten Mündel selbst das Recht der Beschwerde zu (§§ 20, 59 FGG.). Die Erteilung der Genehmigung ist unanfechtbar, der Vormund kann aber darauf verzichten, von ihr Gebrauch zu machen. Einseitige Rechtsgeschäfte, z. B. Abgabe einer Löschungsbewilligung, Ausschlagung einer Erbschaft, sind ohne Genehmigung des Vormundschaftsgerichts unwirksam (§ 1831 S. 1). Einseitige Rechtsgeschäfte, die einem anderen gegenüber vorzunehmen sind, wie z. B. Bürgschaftserklärungen, Kündigungen, sind unwirksam, wenn der Vormund die Genehmigung nicht in schriftlicher Form vorlegt und der andere Teil das Rechtsgeschäft aus diesem Grunde unverzüglich zurückweist (§ 1831 S. 2).

Genehmigungspflichtige Verträge sind von vornherein wirksam, wenn der Vormund beim Abschluß bereits im Besitze der erforderlichen Genehmigung ist. Liegt die Genehmigung bei Vertragsschluß noch nicht vor, so wird der Vertrag erst wirksam, wenn die Genehmigung erfolgt und der Vormund sie dem Vertragsgegner mitteilt (§ 1829 Abs. 1). Der Vertragsgegner, der grundsätzlich an den Vertrag bis zur Entscheidung des Vormundschaftsgerichts gebunden ist, kann dem Zustande der Ungewißheit durch Fristsetzung gegenüber dem Vormund ein Ende bereiten (§ 1829 Abs. 2). Widerrufsberechtigt ist der andere Teil nur nach Maßgabe von § 1830 (wahrheitswidrige Behauptung der Genehmigung des Vormundschaftsgerichts durch den Vormund).

Dieselben Grundsätze gelten dann, wenn zu einem Rechtsgeschäft des Vormundes die Genehmigung des Gegenvormundes erforderlich ist (§ 1832).

III. Fürsorge und Aufsicht des Vormundschaftsgerichts.

Grundsatz: Das Vormundschaftsgericht hat über die gesamte Tätigkeit des Vormundes und des Gegenvormundes die Aufsicht zu führen und gegen Pflichtwidrigkeiten durch geeignete Gebote und Verbote einzuschreiten (§ 1837 Abs. 1). Als Zwangsmittel steht dem Vormundschaftsgericht die Verhängung von Ordnungsstrafen gegen den Vormund oder Gegenvormund im Einzelfalle bis zur Höhe von (jetzt) RM. 1000.— zu (§ 1837 Abs. 2). Aeußerstenfalls muß das Vormundschaftsgericht den Vormund oder Gegenvormund entlassen und einen anderen bestellen (§ 1886).

Gegen das Jugendamt als Amtsvormund und gegen Anstalts- und Vereinsvormünder hat das Vormundschaftsgericht keine Ordnungsstrafengewalt, kann sie auch nicht entlassen (§§ 33, 47 JWG.).

Aus der Aufsichtspflicht des Vormundschaftsgerichts ergeben sich im einzelnen, abgesehen von der Befugnis zur Entscheidung über die Genehmigung oder Nichtgenehmigung von genehmigungspflichtigen Rechtsgeschäften des Vormundes

a) das Recht (und unter Umständen die Pflicht), die Unterbringung des Mündels zum Zwecke der Erziehung in einer geeigneten Familie oder in einer Erziehungs- oder Besserungsanstalt anzuordnen (§ 1838); nicht anwendbar auf das Jugendamt oder Anstalts- oder Vereinsvormünder (§§ 33, 47 JWG.),

b) das Recht, von dem Vormund und Gegenvormund jederzeit Auskunft über die Führung der Vormundschaft und über die persönlichen Verhältnisse des Mündels Auskunft zu verlangen (§ 1839),

c) das Recht, von dem Vormund Rechnungslegung in einer zur Nachprüfung geeigneten Form über seine Vermögensverwaltung zu verlangen (§§ 1840—1843),

d) das Recht, von dem Vormund Sicherheitsleistung für das seiner Verwaltung unterliegende Mündelvermögen zu verlangen (§§ 1844, 232). Von dem Jugendamt oder von einem Anstalts- oder Vereinsvormund kann Sicherheitsleistung nicht verlangt werden (§§ 33, 47 JWG.).

Der zur Sicherheitsleistung angehaltene Vormund kann die Uebernahme der Vormundschaft ablehnen (§ 1786 Z. 6) oder seine Entlassung verlangen (§ 1889).

Das Vormundschaftsgericht hat auch schon vor der Bestellung oder Neubestellung eines Vormundes die im Interesse des Mündels erforderlichen Maßnahmen zu treffen (§ 1846), muß also unter Umständen unmittelbar eingreifen.

IV. Mitwirkung des Gemeindewaisenrats (Jugendamts).

Gemeindewaisenrat ist nach § 42 JWG. das Jugendamt. Es ist dem Vormundschaftsgericht, soweit es nicht selbst Amtsvormund (unehelicher Kinder gemäß § 35 JWG.) oder bestellter Vormund (§ 41 JWG.) ist, nicht unterstellt, sondern ihm gleichgeordnet. Das Jugendamt hat folgende Rechte und Pflichten:

a) ein Vorschlagsrecht hinsichtlich der Personen, die sich im einzelnen Falle zum Vormund, Gegenvormund oder Mitglied eines Familienrats eignen (§ 1849). Dem Vorschlagsrecht des Jugendamts entspricht die Verpflichtung des Vormundschaftsgerichts, seinerseits das Jugendamt über die Eignung eines von ihm in Aussicht genommenen Vormundes oder Gegenvormundes zu hören (§ 1779),

b) die allgemeine Pflicht zur Ueberwachung sämtlicher Vormünder in seinem Bezirk hinsichtlich ihrer Pflichten zur Sorge für die Person der Mündel, verbunden mit der Anzeigepflicht an das Vormundschaftsgericht, falls Eingreifen desselben erforderlich ist (§ 1850).

V. Befreite Vormundschaft.

Der Vater oder nach § 1855 die eheliche Mutter eines minderjährigen Kindes (nicht der Erzeuger eines unehelichen Kindes) können, soweit sie berechtigt sind, einen Vormund zu benennen (§ 1777), diesen von gewissen Beschränkungen seiner Befugnisse befreien. Es kommen in Frage:

a) der Ausschluß der Bestellung eines Gegenvormundes (§ 1852 Abs. 1),

b) die Befreiung des Vormundes von der Verpflichtung, Mündelgeld nur mit Sperrvermerk anzulegen (§ 1852 Abs. 2, 1809),

c) Befreiung des Vormundes von der Verpflichtung, zur Anlage von Geld die Genehmigung des Gegenvormundes oder gegebenenfalls des Vormundschaftsgerichts einzuholen (§§ 1852 Abs. 2, 1810),

d) Befreiung von der Verpflichtung, zu den in § 1812 aufgeführten Rechtsgeschäften die Genehmigung des Gegenvormundes oder gegegebenenfalls des Vormundschaftsgerichts einzuholen (§ 1852 Abs. 2).

Wird die Bestellung eines Gegenvormundes ausgeschlossen, so ist der Vormund ohne weiteres auch von den Verpflichtungen zu a) bis d) befreit (§ 1852 Abs. 2).

e) Befreiung von der Verpflichtung zur Hinterlegung von Inhaber- und Order-Papieren (§ 1853),

f) Befreiung von der Verpflichtung zur regelmäßigen Rechnungslegung (§ 1854).

Dem Amtsvormund wie dem Anstalts- oder Vereinsvormund stehen die Befreiungen der §§ 1852 bis 1854 ohne weiteres zu (§§ 33, 47 JWG.).

VI. Familienrat.

Der Familienrat ist ein Organ der Selbstverwaltung der Familie des Mündels für die grundsätzlich dem Staat obliegende Aufsicht über die Vormundschaft. Der Familienrat tritt an die Stelle des Vormundschaftsgerichts. Der staatliche Einfluß ist durch die Person des Vormundschaftsrichters gesichert, der notwendig Vorsitzender des Familienrats ist. Die Einsetzung eines Familienrats ist praktisch von Bedeutung, wenn es sich um Vormundschaften über Mündel mit größerem Vermögen, z. B. größeren wirtschaftlichen Unternehmungen, handelt.

Voraussetzungen der Einsetzung eines Familienrats.

Entweder letztwillige Verfügung des Vaters oder der ehelichen Mutter des Mündels (§ 1858) oder Antrag eines Verwandten oder Verschwägerten des Mündels oder des Vormundes oder des Gegenvormundes (§ 1859).

Zusammensetzung des Familienrats.

Vorsitzender ist der örtlich zuständige Vormundschaftsrichter, außerdem mindestens 2, höchstens 6 ordentliche Mitglieder und Ersatzmitglieder. Auswahl, falls der Vater oder die eheliche Mutter keine Bestimmung getroffen haben, unter Berücksichtigung von §§ 1865 bis 1867 durch das Vormundschaftsgericht (2 Mitglieder) und durch den Familienrat selbst (weitere Mitglieder und Ersatzmitglieder) (§§ 1862, 1863).

Die Bestellung zum Familienratsmitglied nimmt der Vorsitzende, d. h. der Vormundschaftsrichter, in der Form des § 1870 vor. Es besteht keine Verpflichtung zur Uebernahme des Amtes eines Familienratsmitgliedes (§ 1769).

Funktionen und Geschäftsführung des Familienrats.

Der Familienrat hat die Rechte und Pflichten des Vormundschaftsgerichts d. h. Aufsichtsbefugnisse (§§ 1872, 1837 ff.), er hat also insbesondere die Amtsführung des Vormundes und Gegenvormundes zu überwachen und über die Genehmigung von Rechtsgeschäften des Vormundes zu befinden, soweit diese der Genehmigung des Vormundschaftsgerichts bedürfen.

Die Leitung der Geschäfte des Familienrats liegt in der Hand des Vorsitzenden (§ 1872). Der Vorsitzende hat gegenüber den Mitgliedern des Familienrats Zwangsgewalt nach Maßgabe von § 1875 (Verurteilung in die Versäumniskosten und Ordnungsstrafen). Die Mitglieder des Familienrats haben nur Anspruch auf Ersatz ihrer Aufwendungen aus dem Mündelvermögen, aber keinen Vergütungsanspruch (§ 1877).

Aufhebung des Familienrats.

Die Tätigkeit des Familienrats endigt von selbst mit der Beendigung der Vormundschaft infolge des Todes oder der Volljährigkeit oder Volljährigkeitserklärung des Mündels.

Der Familienrat wird vom Vormundschaftsgericht aufgehoben, wenn die zu seiner Beschlußfähigkeit erforderliche Mindestzahl von Mitgliedern (2) und geeignete Ergänzungsmitglieder nicht mehr vorhanden sind (§ 1879) oder

wenn der Vater oder die eheliche Mutter des Mündels bei der Anordnung der Bestellung eines Familienrats dessen Aufhebung für einen bestimmten Fall vorgesehen haben und dieser Fall eintritt (§ 1880).

Nach Aufhebung des Familienrats wird die Vormundschaft, falls diese nicht selbst beendigt ist, nach den allgemeinen Vorschriften weitergeführt, d. h. das Vormundschaftsgericht übernimmt wieder selbst die Aufsicht über Vormund und Gegenvormund.

VII. Beendigung der Vormundschaft.

1. Beendigung der Vormundschaft selbst

a) kraft Gesetzes durch Wegfall ihrer Voraussetzungen (§ 1882).

Dies ist der Fall,

wenn der Mündel stirbt, oder für tot erklärt wird (§ 1884 Abs. 2),

wenn er volljährig wird oder für volljährig erklärt wird,

wenn der Mündel unter elterliche Gewalt tritt, sei es durch Ehelichkeitserklärung (§ 1723), Legitimation durch nachfolgende

Ehe und rechtskräftige Feststellung der Vaterschaft des Ehemannes der Mutter (§§ 1719, 1883 Abs. 1), Annahme an Kindes Statt (§ 1757), Wiedererlangung der elterlichen Gewalt bzw. der Vertretungsbefugnis durch den früheren Inhaber (z. B. §§ 1676, 1677),

wenn der Familienstand des Mündels ermittelt ist.

b) kraft Anordnung des Vormundschaftsgerichts,

wenn der Mündel durch nachfolgende Ehe legitimiert ist (§ 1719) und das Vormundschaftsgericht die Voraussetzungen der Legitimation (d. h. die Vaterschaft des Ehemannes der Mutter) als vorhanden erachtet (§ 1883 Abs. 2),

wenn der Mündel verschollen ist und dem Vormundschaftsgericht sein Tod bekannt wird (§ 1884 Abs. 1).

2. Beendigung des Amtes des Vormundes.

Das Amt des Vormundes endigt, abgesehen von den Fällen, in denen das Amt wegen der Beendigung der Vormundschaft selbst endigt,

a) wenn der Vormund stirbt oder für tot erklärt wird. Den Tod des Vormundes muß sein Erbe dem Vormundschaftsgericht unverzüglich anzeigen (§ 1894), ebenso aber auch der etwa bestellte Gegenvormund (§ 1799 Abs. 1 S. 2). Ist der Vormund verschollen, so muß bis zur Todeserklärung ein Pfleger für ihn bestellt werden, der die Aufgaben des Vormundes wahrzunehmen hat,

b) wenn der Vormund entmündigt wird (§ 1885 Abs. 1). Geschäftsunfähigkeit ohne Entmündigung ist nur ein Grund für die Entlassung des Vormundes (vgl. c),

c) mit der Entlassung des Vormundes durch das Vormundschaftsgericht entweder von Amtswegen,

wenn die Fortführung des Amtes insbesondere wegen pflichtwidrigen Verhaltens des Vormundes das Interesse des Mündels gefährdet oder

wenn in der Person des Vormundes einer der in § 1781 aufgeführten Untauglichkeitsgründe eintritt (§ 1886) (also der Vormund z. B. in Konkurs gerät oder der bürgerlichen Ehrenrechte für verlustig erklärt wird). § 1886 findet auf das Jugendamt oder den Anstalts- oder Vereinsvormund keine Anwendung (§§ 33, 47 JWG.),

wenn bei Beamten oder Religionsdienern die nach den Landesgesetzen erforderliche Erlaubnis zur Uebernahme der Vormundschaft zurückgenommen wird (§ 1888)

oder auf Antrag des Vormundes selbst,

wenn der Vormund einen wichtigen Grund für seine Entlassung geltend machen kann. Was als wichtiger Grund anzusehen ist, unterliegt der Ermessensentscheidung des Vormundschaftsgerichts. Wichtiger Grund ist auf alle Fälle der nachträgliche Eintritt eines der im § 1786 Z. 2—7 aufgezählten Gründe, die jemanden zur Ablehnung der Uebernahme einer Vormundschaft berechtigen (§ 1889).

Folgen der Beendigung der Vormundschaft oder des Amtes des Vormundes.

Der Vormund hat das von ihm verwaltete Mündelvermögen herauszugeben und über seine Verwaltung Rechnung zu legen (Schlußrechnung) (§ 1890). Herauszugeben ist das Vermögen an den Mündel selbst oder an seine Erben oder an den anstelle des Vormundes tretenden gesetzlichen Vertreter des Mündels. Die Rechnungslegung hat gegenüber dem Vormundschaftsgericht zu erfolgen. Ist der Vormund selbst gestorben oder für tot erklärt, trifft die Verpflichtung zur Herausgabe des Mündelvermögens und zur Rechnungslegung seine Erben.

Die Verpflichtung zur Rechnungslegung gegenüber dem Vormundschaftsgericht schließt nicht aus, daß die Beteiligten sich untereinander verständigen. Es genügt dann, daß der Vormund dem Vormundschaftsgericht eine Entlastungserklärung des Berechtigten vorlegt.

Der Vormund hat schließlich seine Bestallung dem Vormundschaftsgericht zurückzugeben (§ 1893 Abs. 2).

2. Titel. Vormundschaft über Volljährige.

Volljährige oder für volljährig erklärte Personen erhalten nur dann einen Vormund, wenn sie entmündigt sind (§ 1896), sonst im Bedarfsfalle einen Pfleger nach § 1910. Ausnahmsweise kann ein Volljähriger oder für volljährig Erklärter schon dann, wenn seine Entmündigung beantragt ist, bis zur Entscheidung über den Antrag unter vorläufige Vormundschaft gestellt werden (§§ 1906—1908).

Grundsätzlich finden auf die Vormundschaft über Volljährige und die vorläufige Vormundschaft die für die Vormundschaft über Minderjährige geltenden Vorschriften Anwendung (§ 1897), aber mit folgenden Ausnahmen:

1. es gibt keine Amtvormundschaft oder Anstalts- oder Vereinsvormundschaft, da das JWG. nur für Minderjährige gilt.
2. Die Sorge für die Person des Mündels erstreckt sich nicht weiter als der Zweck der Vormundschaft es erfordert, also sind nur zweckentsprechende Beschränkungen der persönlichen Freiheit des

Mündels durch den Vormund zulässig, wie z. B. die Unterbringung eines entmündigten Trinkers in einer Trinkerheilanstalt, eines entmündigten Geisteskranken in einer Irrenanstalt.

Steht eine verheiratete volljährige Frau unter Vormundschaft, so hat abweichend von §§ 1633, 1800 der Vormund und nicht der Ehemann außer der Vertretung des Mündels auch die Sorge für seine Person (§ 1901 Abs. 2).

3. Es gelten Abweichungen für die Berufung bestimmter Personen zum Amte des Vormundes.

Berufen sind in erster Linie:

der Vater des Mündels,

seine Mutter und erst dann

die Großväter

(§§ 1776, 1899).

Vor einem Elternteil kann der Ehegatte des volljährigen Mündels als Vormund bestellt werden (§ 1900). Das Benennungsrecht der Eltern für eine bestimmte Persönlichkeit als Vormund (§ 1776 Abs. 1, Z. 1 u. 2) besteht als Ausfluß der elterlichen Gewalt nur bei der Vormundschaft über Minderjährige, ist daher bei volljährigen Kindern wirkungslos (§ 1898).

4. Die Auswahl des Vormundes im Falle der vorläufigen Vormundschaft erfolgt ohne Rücksicht auf Berufungsansprüche bestimmter Personen (§ 1907).

5. Wird der Vater des volljährigen Mündels zum Vormund bestellt, so unterbleibt die Bestellung eines Gegenvormundes. Der Vater ist grundsätzlich befreiter Vormund (§§ 1903, 1852—1854).

6. Für die Genehmigungsbedürftigkeit gewisser Rechtsgeschäfte des Vormundes gelten die Vorschriften der §§ 1812, 1821 und 1822 mit den Besonderheiten des § 1902, d. h. Ausstattungsversprechen sind nur mit Genehmigung des Vormundschaftsgerichts wirksam; Miet- und Pachtverträge sowie andere Verträge, durch die der Mündel zu wiederkehrenden Leistungen verpflichtet wird, sind schon dann genehmigungspflichtig, wenn das Vertragsverhältnis länger als vier Jahre dauern soll.

7. Die Einsetzung eines Familienrats ist nur auf Antrag eines Verwandten oder Verschwägerten, des Vormundes oder Gegenvormundes möglich. Vater und Mutter des Mündels können ebensowenig, wie sie einen Vormund benennen können, Anordnungen über Einsetzung oder Aufhebung eines Familienrats treffen (§§ 1905, 1859).

3. Titel. Pflegschaft.

Bei der Pflegschaft handelt es sich um eine besondere Art der Interessenwahrnehmung für bestimmte Personen (oder Vermögensmassen) unter Aufsicht des Vormundschaftsgerichts. Die Aufgaben des Pflegers stehen nicht wie bei der Vormundschaft ein für allemal fest, sondern ergeben sich aus dem Zweck der Pflegschaft und dem vom Vormundschaftsgericht in der Bestallung des Pflegers festgelegten Aufgabenkreis. Im Rahmen dieses Aufgabenkreises ist der Pfleger gesetzlicher Vertreter seines Pflegebefohlenen.

Das BGB. sieht die Bestellung eines Pflegers in folgenden Fällen vor:

1. Pflegschaften neben elterlicher Gewalt oder Vormundschaft (§ 1909). Es handelt sich hierbei um die Bestellung eines Pflegers für Personen, die unter elterlicher Gewalt oder unter Vormundschaft stehen, und zwar für solche Angelegenheiten, an deren Besorgung der gesetzliche Vertreter tatsächlich oder rechtlich verhindert ist. Beispiele: Pflegerbestellung für ein Kind oder Mündel bei einem Rechtsstreit zwischen Vater und Kind, Vormund und Mündel, für den Abschluß eines Rechtsgeschäftes zwischen dem Vormund, seinem Ehegatten oder Verwandten in gerader Linie und dem Mündel (§ 1795).

   Hierzu gehören auch die im § 1909 besonders erwähnten Fälle des Vermögenserwerbs eines unter elterlicher Gewalt oder unter Vormundschaft Stehenden, wenn die Vermögenszuwendung mit der Bestimmung erfolgt ist, daß dem Gewalthaber oder dem Vormund- die Verwaltung nicht zustehen soll (§ 1638), ferner die Fälle einer (vorläufigen) Pflegerbestellung bis zur Bestellung eines Vormundes (§§ 1909 Abs. 3, 1846).

2. Gebrechlichkeitspflegschaft. (§ 1010).

   Gebrechlichkeitspflegschaft kommt nur bei nicht entmündigten Volljährigen und grundsätzlich nur mit ihrer Einwilligung in Frage. Dabei sind zwei Arten von Fällen zu unterscheiden:

   a) allgemeine Pflegschaften für die Person und das Vermögen, wenn der Fürsorgebedürftige infolge körperlicher Gebrechen insbesondere wegen Taubheit, Blindheit oder Stummheit seine Angelegenheiten nicht zu besorgen vermag,

   b) Pflegschaften für einzelne Angelegenheiten oder einen bestimmten Kreis von Angelegenheiten (z. B. Vermögensangelegenheiten, wenn der Fürsorgebedürftige wegen geistiger oder körperlicher Gebrechen diese Angelegenheiten nicht selbst zu besorgen vermag). (Hauptsächlich Pflegschaften zur Besorvon Vermögensangelegenheiten Geistesschwacher). Erreicht die Geistesschwäche einen Grad, daß der Betreffende auch seine

persönlichen Angelegenheiten nicht besorgen kann, so muß er entmündigt werden und einen Vormund erhalten. (§ 6).
Aufhebung der Gebrechlichkeitspflegschaft auch auf Antrag des Pflegebefohlenen (§ 1920).

3. Abwesenheitspflegschaft. (§ 1911).

Die Bestellung eines Abwesenheitspflegers kommt in Frage für Volljährige, und zwar zur Wahrnehmung ihrer Vermögensangelegenheiten,

a) wenn ihr Aufenthalt unbekannt ist,

b) wenn ihr Aufenthalt zwar bekannt ist, der Betreffende aber an der Rückkehr und an der Besorgung seiner Vermögensangelegenheiten verhindert ist,

in beiden Fällen auch, wenn der Abwesende zwar durch Vollmachterteilung Vorsorge getroffen hatte, aber Anlaß zum Widerruf der Vollmacht vorliegt (z. B .bei Mißbrauch der Vollmacht durch den Bevollmächtigten, aber auch beim Tode desselben).

Aufhebung der Abwesenheitspflegschaft s. § 1921.

4. Pflegschaft für eine Leibesfrucht (§ 1912).

Eine Leibesfrucht, d. h. ein bereits erzeugtes aber noch nicht geborenes Kind erhält zur Wahrung seiner künftigen Rechte, soweit diese einer Fürsorge bedürfen, einen Pfleger. Dies gilt nicht, falls das erwartete Kind unter elterlicher Gewalt stehen würde, wenn es bereits geboren wäre. In diesen Fällen (also in der Regel bei ehelichen Kindern) haben der Vater oder die Mutter die Pflicht, die künftigen Rechte des erwarteten Kindes wahrzunehmen.
Künftige Rechte sind z. B. der durch die Geburt aufschiebend bedingte Schadensersatzanspruch des Kindes gegen denjenigen, der den ihm Unterhaltungspflichtigen getötet hat (§ 844 Abs. 2, letzter Satz), das durch die Geburt aufschiebend bedingte Erbrecht oder Nacherbrecht des Kindes (§§ 1923 Abs. 2, 2108). Keine Pflegerbestellung erforderlich, wenn gemäß § 1960 ein Nachlaßpfleger wegen Unbekanntseins der Erben bestellt ist.

Vgl. § 38 JWG.: Auf Antrag des Jugendamtes oder einer nicht verheirateten Mutter kann für eine Leibesfrucht immer ein Pfleger bestellt werden, der mit der Geburt des Kindes sein Vormund wird, wenn das Jugendamt einverstanden ist.

5. Pflegschaft für unbekannte Beteiligte (§ 1913).

Voraussetzung der Bestellung eines Pflegers ist, daß unbekannt oder ungewiß ist, wer bei einer Angelegenheit beteiligt und daß ein Fürsorgebedürfnis besteht. Wichtigstes Beispiel ist der in § 1913 aufgeführte Fall der Pflegerbestellung für eine als Nacherbe eingesetzte noch nicht erzeugte oder erst durch ein künftiges Ereignis bestimmte Person (die etwaigen Kinder oder Enkelkinder, der zukünftige Ehegatte). Sonderfall der Pflegschaft für unbekannte Beteiligte ist die Nachlaßpflegschaft für die unbekannten Erben eines Verstorbenen (§ 1960).

6. Pflegschaft für Sammelvermögen (§ 1914).

Voraussetzungen der Bestellung eines Pflegers sind das Vorhandensein eines durch öffentliche Sammlung für einen vorübergehenden Zweck zusammengebrachten Vermögens und der Wegfall der zu seiner Verwaltung und Verwendung berufenen Personen.

Auf die Pflegschaft finden nach § 1915 die Vorschriften über die Vormundschaft entsprechende Anwendung, d. h.

für die Berufung zum Amte des Pflegers gelten, soweit es sich um die Pflegschaft für eine bestimmte Person handelt, die Berufungsgründe des § 1776 (Ausnahmen: §§ 1916, 1917).

Die Untauglichkeitsgründe der §§ 1781 ff. gelten auch für die Person des Pflegers.

Die Bestellung des Pflegers durch das Vormundschaftsgericht vollzieht sich in derselben Form wie die Bestellung des Vormunds. In der Bestallungsurkunde ist aber der Wirkungskreis des Pflegers anzugeben.

Der Pfleger ist in seiner Geschäftsführung insbesondere in der Verwaltung des Vermögens des Pflegebefohlenen und in der Verfügung darüber denselben Beschränkungen unterworfen wie der Vormund, bedarf also wie dieser zu einer Reihe von Rechtsgeschäften der Genehmigung des Vormundschaftsgerichts. Da die Bestellung eines Gegenpflegers (Gegenvormundes) gemäß § 1915 nicht erforderlich ist und in der Regel auch nicht stattfindet, bedarf der Pfleger auch für diejenigen Rechtsgeschäfte der Genehmigung des Vormundschaftsgerichts, bei denen der Vormund der Genehmigung des Gegenvormundes bedarf (§ 1812).

Der Pfleger steht wie der Vormund unter Aufsicht des Vormundschaftsgerichts und hat ihm über seine Vermögensverwaltung Rechnung zu legen.

Der Pfleger ist dem Pflegebefohlenen gegenüber unter Umständen schadensersatzpflichtig, hat Anspruch auf Erstattung seiner Aufwendungen, aber keinen Anspruch auf Vergütung, die ihm aber vom Vormundschaftsgericht bewilligt werden kann.

Beendigung der Pflegschaft.

Während die Vormundschaft mit dem Wegfall der Voraussetzungen für ihre Anordnung von selbst wegfällt (§ 1892), endigt eine Pflegschaft in der Regel erst mit ihrer Aufhebung durch das Vormundschaftsgericht, wenn die Voraussetzungen für ihre Anordnung weggefallen sind (§ 1919), also Prüfungsrecht und Prüfungspflicht des Vormundschaftsgerichts, ob die Voraussetzungen weggefallen sind.

Ausnahmsweise Beendigung kraft Gesetzes:

Bei Pflegschaft für eine unter elterlicher Gewalt oder Vormundschaft stehenden Person (§ 1909) mit der Beendigung der elterlichen Gewalt oder der Vormundschaft (§ 1918 Abs. 1),

für eine Leibesfrucht (§ 1912) mit der Geburt des Kindes (§ 1918 Abs. 2), die Pflegschaft zur Besorgung einer einzelnen Angelegenheit mit deren Erledigung (§ 1918 Abs. 3),

für einen Abwesenden mit seiner Todeserklärung (§ 1921 Abs. 3).

Soweit die Pflegschaft nur durch Aufhebungsbeschluß des Vormundschaftsgerichts endigt, ist das Vormundschaftsgericht zur Aufhebung verpflichtet,

allgemein, wenn die Voraussetzungen für ihre Anordnung weggefallen sind (§ 1919),

wenn bei der Gebrechlichkeitspflegschaft der Pflegebefohlene die Aufhebung beantragt (§ 1920),

wenn bei der Abwesenheitspflegschaft (§ 1911) der Abwesende an der Besorgung seiner Vermögensangelegenheiten nicht mehr verhindert ist, wenn er stirbt und dem Vormundschaftsgericht sein Tod bekannt wird.

1. Recht der Eheschließung und der Ehescheidung

An die Stelle der §§ 1303—1352, 1564—1587, 1608 Abs. 2, 1635—1637, 1699—1704, 1771 Abs. 2 S. 2 BGB. war mit Wirkung vom 1. 8. 1938 das Gesetz zur Vereinheitlichung des Rechts der Eheschließung und der Ehescheidung im Lande Oesterreich und im übrigen Reichsgebiet vom 6. 7. 1938 (RGBl. I S. 807) getreten. Dieses Gesetz ist aufgehoben durch § 79 des Gesetzes Nr. 16 des Kontrollrats — Ehegesetz — vom 20. 2. 1946, das nunmehr für das Recht der Eheschließung und Ehescheidung maßgebend ist. Die oben aufgeführten Vorschriften des BGB. bleiben gemäß § 78 des Ehegesetzes vom 20. 2. 1941 weiterhin aufgehoben.

Aufgehoben sind auch alle Bestimmungen der zur Durchführung des Ehegesetzes vom 6. 7. 1938 ergangenen Gesetze, Verordnungen und Erlasse sowie diejenigen aller sonstigen Gesetze, soweit sie mit dem Ehegesetz des Kontrollrats unvereinbar sind.

Das Kontrollratsgesetz ist im Anhang abgedruckt.

A. Ehefähigkeit

Ehefähig ist, d. h. eine Ehe kann schließen,

1. wer ein bestimmtes Alter vollendet hat (Mann 21 Lebensjahre, Frau 16 Lebensjahre) (§ 1 Abs. 1). Befreiung möglich, Mindestalter für den Mann aber Vollendung des 18. Lebensjahres und weitere Bedingung Volljährigkeitserklärung (§ 1 Abs. 2). Ueber die Befreiung entscheidet das Vormundschaftsgericht (§ 1 der 1. Durchführungsverordnung vom 27. 7. 1938 — RGBl. I S. 923 zum Ehegesetz vom 6. 7. 1938).

   Nichtbeachtung der Altersvorschriften beeinträchtigt die Gültigkeit einer Ehe nicht. Aufhebbarkeit höchstens bei mangelnder Einwilligung des gesetzlichen Vertreters (§ 30),

2. wer nicht geschäftsunfähig ist.

   Begriff der Geschäftsunfähigkeit nach § 104 BGB.

   Folge der Eheschließung eines Geschäftsunfähigen: Nichtigkeit der Ehe gemäß § 18,

3. wer als Minderjähriger oder aus sonstigen Gründen in der Geschäftsfähigkeit Beschränkter (Begriff §§ 106, 114 BGB.) nicht die Einwilligung seines gesetzlichen Vertreters zur Eheschließung hat (§ 3).

   Folge der Eheschließung ohne Einwilligung des gesetzlichen Vertreters: Aufhebbarkeit (§ 30).

B. Eheverbote

Eine Ehe darf nicht geschlossen werden: 1. zwischen Verwandten und Verschwägerten (§ 4), und zwar:

a) zwischen Verwandten in gerader Linie,

b) zwischen voll- und halbbürtigen Geschwistern,

c) zwischen Verschwägerten in gerader Linie,

d) zwischen Personen, von denen die eine mit Eltern, Voreltern oder Abkömmlingen der anderen Geschlechtsgemeinschaft gepflogen hat (auch als uneigentliche Schwägerschaft bezeichnet),

zu c) Befreiung möglich durch den Landgerichtspräsidenten, in dessen Bezirk der Mann seinen Wohnort oder Aufenthalt hat (vgl. § 3 der 1. Durchführungsverordnung vom 27. 7. 1938 — RGBl. I S. 923 zum Ehegesetz vom 6. 7. 1938).

Wirkungen der dem Verbot zuwider erfolgten Eheschließung:

zu a) und b): unheilbare Nichtigkeit der Ehe (§ 21),

zu c): ebenfalls Nichtigkeit, falls nicht Befreiung erteilt wird,

zu d): die dem Verbot zuwider geschlossene Ehe bleibt gültig.

Strafbarkeit des Geschlechtsverkehrs zwischen Verwandten in gerader Linie und zwischen voll- und halbbürtigen Geschwistern und zwischen Verschwägerten in gerader Linie, s. § 173 StGB.,

2. zwischen Personen, von denen die eine bereits anderweitig verheiratet ist (Verbot der Doppelehe, § 5). Folge der Zuwiderhandlung ist unheilbare Nichtigkeit der zweiten Ehe (§ 20), strafrechtliche Folgen s. § 171 StGB (Bigamie),

3. zwischen einem wegen Ehebruchs geschiedenen Ehegatten und dem Ehebrecher, wenn der Ehebruch zwischen diesen Personen im Scheidungsurteil als Scheidungsgrund festgestellt ist (§ 6). Befreiung möglich, zuständig der Präsident des Landgerichts, vor dem der Ehescheidungsstreit in erster Instanz geschwebt hat (§ 5 der 1. Durchführungsverordnung vom 27. 7. 1938 — RGBl. I S. 923 zum Ehegesetz vom 6. 7. 1938 —). Folge der Zuwiderhandlung: Nichtigkeit der Ehe, falls nicht nachträgliche Befreiung gewährt wird (§ 22).

4. Weitere sogenannte aufschiebende Eheverbote, deren Verletzung die Gültigkeit der Ehe nicht beeinflußt:

   a) Verbot der Eheschließung zwischen Adoptivkind und seinen Abkömmlingen einerseits und dem Annehmenden andererseits, solange das Kindesannahmeverhältnis besteht (§ 7). Wirkung der verbotswidrigen Eheschließung: Auflösung des durch die Kindesannahme begründeten Rechtsverhältnisses (§ 1771 BGB.).

   b) Verbot der Eheschließung für eine Frau vor Ablauf von 10 Monaten nach Auflösung oder Nichtigkeitserklärung ihrer früheren Ehe, falls sie nicht inzwischen ein Kind geboren hat (§ 8, Wartezeit). Befreiung möglich, zuständig der Standesbeamte (§ 32 der 1. VO. vom 19. 5. 1938 — RGBl. I S. 533 zur Ausführung des Personenstandsgesetzes vom 3. 11. 1937 — RGBl. I S. 1146).

   c) Verbot der Eheschließung vor der Auseinandersetzung mit minderjährigen ehelichen Kindern (§ 9), vgl. §§ 1669, 1686 BGB.

   d) Verbot der Eheschließung für Ausländer ohne Ehefähigkeitszeugnis (§ 10). Befreiung möglich, zuständig der Oberlandesgerichtspräsident, in dessen Bezirk die Ehe geschlossen werden soll (§§ 7, 8 der 1. Durchführungsverordnung vom 27. 7. 1938 — RGBl. I S. 923 zum Ehegesetz vom 6. 7. 1938).

C. Eheschließung (§§ 11—15 a)

Diese Vorschriften behandeln die zur Gültigkeit einer Eheschließung erforderlichen Formvorschriften. Ehen, die nicht vor einem Standesbeamten oder einem Beamten geschlossen sind, der das Amt eines

Standesbeamten öffentlich ausgeübt hat und die nicht in das Familienbuch eingetragen sind, sind ohne weiteres als ungültig zu betrachten. Ihre Nichtigkeit braucht nicht durch Nichtigkeitsklage geltend gemacht zu werden, da sich jedermann auf die Nichtigkeit berufen kann. Die Verletzung des § 13 (persönliche Erklärung der Verlobten vor dem Standesbeamten bei gleichzeitiger Anwesenheit) führt zu einer formell gültigen, aber im Wege der Nichtigkeitsklage gemäß § 17 anfechtbaren Ehe. § 15 a ist durch das Kontrollratsgesetz Nr. 52 vom 25. April 1947 hinzugefügt. Danach ist der Abschluß einer Ehe zwischen Ausländern innerhalb Deutschlands auch ohne Beachtung der Formvorschriften der §§ 11—15 zulässig und führt zu einer rechtsgültigen Ehe.

D. Nichtigkeit der Ehe

1. Die Nichtigkeit einer Ehe kann nur durch Klage auf Nichtigkeitserklärung geltend gemacht werden, und zwar auch nach Auflösung der Ehe durch Aufhebungs- oder Scheidungsurteil oder Tod eines Ehegatten. Das rechtskräftige Urteil stellt die Nichtigkeit der Ehe mit Wirkung auch für die Vergangnheit fest.

   Klagebefugnis haben

   a) wenn die nichtige Ehe äußerlich noch besteht (§ 24 Abs. 1 S. 1): jeder Ehegatte bzw. sein gesetzlicher Vertreter, wenn er geschäftsunfähig ist,

      im Falle der Nichtigkeit wegen Doppelehe (§ 20) auch der Ehegatte der früheren Ehe,

      der Staatsanwalt,

   b) wenn die nichtige Ehe durch Tod eines Ehegatten oder durch Aufhebungs- oder Scheidungsurteil aufgelöst ist (§ 24 Abs. 1 S. 2): ausschließlich der Staatsanwalt.

   Nach dem Tode beider Ehegatten kann auch der Staatsanwalt die Nichtigkeitsklage nicht mehr erheben (§ 24 Abs. 2).

   Sachlich zuständig die Landgerichte. Oertliche Zuständigkeit nach § 606 ZPO. Verfahrensvorschriften §§ 631 ff. ZPO. Anwaltszwang § 78 ZPO., nicht für den Staatsanwalt.

   Nichtigkeitsklage des Staatsanwalts richtet sich gegen beide Ehegatten oder den überlebenden Teil, Nichtigkeitsklage eines der Ehegatten gegen den anderen, die des Ehegatten der früheren Ehe (§ 20) gegen beide Ehegatten der späteren (§ 632 ZPO.).

2. Nichtigkeitsgründe (ausschließlich):

   a) Mangel der Form des § 13, aber Heilung mit rückwirkender Kraft bei 5- oder mindestens 3jährigem ehelichen Zusammenleben (§ 17),

b) Geschäftsunfähigkeit, Bewußtlosigkeit oder vorübergehende Störung der Geistestätigkeit eines der Ehegatten bei der Eheschließung (§ 18).
Heilung mit rückwirkender Kraft, wenn der Ehgatte, in dessen Person der Nichtigkeitsgrund entstand, nach seinem Wegfall zu erkennen gibt, daß er die Ehe fortsetzen will.

c) Eheschließung mit dem ausschließlichen oder vorwiegenden Zweck, der Frau die Führung des Familiennamens des Mannes zu ermöglichen, ohne Begründung der ehelichen Lebensgemeinschaft (§ 19 Abs. 1).
Heilung mit rückwirkender Kraft nach Maßgabe von § 19 Abs. 2 bei 5jährigem, mindestens 3jährigem ehelichen Zusammenleben.

d) Gültige Ehe eines der Ehegatten mit einem Dritten z. Zt. der Eheschließung (Doppelehe, § 20). Unheilbar.

e) Eheschließung zwischen Verwandten in gerader Linie, vollbürtigen und halbbürtigen Geschwistern (unheilbar), Eheschließung zwischen Verschwägerten in gerader Linie (heilbar mit rückwirkender Kraft bei Befreiung gemäß § 4 Abs. 3) (§ 21),

f) Eheschließung zwischen dem wegen Ehebruchs geschiedenen Ehegatten und demjenigen, mit dem er den Ehebruch begangen hat. Voraussetzung: Feststellung der Person der Ehebrecher im Scheidungsurteil (§ 6). Heilbar mit rückwirkender Kraft bei Befreiung nach § 6 Abs. 2 (§ 22).

3. Solange nicht die Ehe durch Gerichtsurteil aufgehoben ist, gilt sie im Verhältnis der Ehegatten zueinander und gegenüber Dritten als gültige Ehe, die auch aufgehoben oder geschieden werden kann. (§ 23).

4. Folgen der Nichtigkeit:

a) Rechtliche Stellung der Kinder:
Kinder aus nichtigen Ehen, die bei Gültigkeit der Ehe nach § 1591 eheliche Kinder wären, gelten als ehelich, auch wenn beide Elternteile die Nichtigkeit der Ehe gekannt haben (§ 25 Abs. 1), also z. B. gegenseitige Unterhaltspflicht, Erb- und Pflichtteilsrecht, Familiennamen des Vaters, Wohnsitz an dem des Vaters usw.
Hinsichtlich des Rechts, für die Person der Kinder zu sorgen, gilt § 74 mit der Maßgabe, daß derjenige Ehegatte, der die Nichtigkeit der Ehe z. Zt. der Eheschließung kannte, als schuldiger Teil anzusehen ist (§ 25 Abs. 2). Die gesetzliche Vertretung der Kinder in persönlichen Angelegenheiten, Verwaltung des Kindesvermögens, Vertretung in vermögensrecht-

lichen Angelegenheiten und Nutznießung am Kindesvermögen richten sich nach den Vorschriften des BGB. (§§ 1627 ff.) mit der Maßgabe, daß derjenige Ehegatte, dem die Nichtigkeit bekannt war, von der Verwaltung und Nutznießung des Kindesvermögens und der Vertretung in vermögensrechtlichen Angelegenheiten ausgeschlossen ist.

b) Vermögensrechtliche Beziehungen der Ehegatten.

aa) Haben beide Ehegatten die Nichtigkeit der Ehe bei der Eheschließung gekannt, so erschöpfen sich die vermögensrechtlichen Beziehungen der Ehegatten auf die Auseinandersetzung für die Vergangenheit,

bb) war auch nur einem der Ehegatten die Nichtigkeit bei der Eheschließung unbekannt, so gelten die im Falle der Scheidung der Ehe maßgebenden Vorschriften (§ 26 Abs. 1), d. h.:

der Gutgläubige kann von dem Bösgläubigen, der wie ein für schuldig erklärter Ehegatte zu behandeln ist, Unterhalt nach Maßgabe von §§ 58, 59 verlangen, bei beiderseitiger Gutgläubigkeit der bedürftige Teil von dem andern, und zwar nach Billigkeitsgrundsätzen gemäß § 61 Abs. 2 (vgl. § 16 der 1. Durchführungsverordnung vom 27. 7. 1938 — RGBl. I, S. 923 zum Ehegesetz vom 6. 7. 1938),

cc) jeder gutgläubige Teil kann die Folgen hinsichtlich der Unterhaltspflicht durch eine Erklärung gegenüber dem anderen Teil abwenden, daß es für ihr Verhältnis in vermögensrechtlicher Beziehung bei den Folgen der Nichtigkeit bewenden soll (§ 26 Abs. 2),

dd) gutgläubige Dritte, die auf die Gültigkeit der Ehe vertrauten, werden geschützt (§ 27).

Sonstige Folgen der Nichtigkeit:

Die Frau erhält ihren Familiennamen wieder.

Letztwillige Verfügungen eines Ehegatten zu Gunsten des anderen sind nichtig (§ 2077 BGB.), bei der Auseinandersetzung über das Gesamtgut der ehelichen Gütergemeinschaft ist § 1478 BGB. zu berücksichtigen.

E. Aufhebung der Ehe

(früher BGB. §§ 1330—1343 — Anfechtung der Ehe —).

1. Aufhebung einer Ehe nur durch rechtskräftiges Gerichtsurteil auf Klage des die Anfechtung begehrenden Teiles mit Wirkung nur für die Zukunft. Sachlich zuständig die Landgerichte, örtliche Zuständigkeit nach § 606 ZPO., Verfahrensvorschriften §§ 607 ff.

ZPO., Anwaltszwang § 78 ZPO. Aufhebungs- und Scheidungsbegehren können in derselben Klage geltend gemacht werden. Sind beide Begehren begründet, so ist nur auf Aufhebung zu erkennen (vgl. § 18 der 1. Durchführungsverordnung vom 27. 7. 1938 — RGBl. I S. 923 — zum Ehegesetz vom 6. 7. 1938).

2. Aufhebungsgründe:

a) Beschränkte Geschäftsfähigkeit eines Ehegatten z. Zt. der Eheschließung oder der Bestätigung einer nichtigen Ehe und fehlende Einwilligung des gesetzlichen Vertreters zur Eheschließung erforderliche Erklärung abzugeben,

Klageberechtigt: der Ehegatte • selbst nach erlangter unbeschränkter Geschäftsfähigkeit, bis dahin nur der gesetzliche Vertreter (§ 30).

b) Irrtum über die Eheschließung, und zwar

Irrtum über den Vorgang der Eheschließung oder trotz Erkenntnis des Vorgangs mangelnder Wille, die zur Eheschließung erforderliche Erklärung abzugeben,

Irrtum in der Person des anderen Ehegatten (§ 31).

c) Irrtum über persönliche Eigenschaften des anderen Ehegatten, vorausgesetzt, daß der die Aufhebung begehrende Teil bei Kenntnis der Sachlage und bei objektiver verständiger Würdigung des Wesens der Ehe die Ehe nicht geschlossen haben würde.

d) Arglistige Täuschung (§ 33).

Die Täuschung muß sich auf Umstände beziehen, die den Getäuschten bei Kenntnis der Sachlage und bei richtiger Würdigung des Wesens der Ehe von der Eheschließung abgehalten hätten,

Der getäuschte Ehegatte muß durch die Täuschung zur Eingehung der Ehe bestimmt worden sein,

Die Täuschung muß von dem anderen Ehegatten oder mit dessen Wissen von einem Dritten ausgegangen sein,

Eine Täuschung über Vermögensverhältnisse gibt keinen Aufhebungsanspruch.

e) Drohung (§ 34).

Die Drohung muß widerrechtlich sein,

Der Bedrohte muß sich durch die Drohung zur Eingehung der Ehe haben bestimmen lassen.

Die Aufhebung der Ehe ist in allen Fällen ausgeschlossen, wenn der Berechtigte in Kenntnis des Anfechtungsgrundes zu erkennen gegegeben hat, daß er die Ehe fortsetzen will, im Falle des § 30 (oben zu a) auch, wenn der gesetzliche Vertreter nachträglich die Ehe genehmigt, im Falle des § 32 (oben zu c) auch dann, wenn das Aufhebungsverlangen nach der bisherigen Gestaltung der Ehe sittlich nicht gerechtfertigt erscheint.

3. Die Aufhebungsklage kann nur binnen eines Jahres erhoben werden (§ 35 Abs. 1).

   Beginn der Frist und Hemmung ihres Ablaufs s. § 35 Abs. 2—4. Bei Verlust der Klagebefugnis durch den gesetzlichen Vertreter eines geschäftsunfähigen Ehegatten steht diesem selbst ein zeitlich beschränktes Klagerecht nach Fortfall seiner Geschäftsunfähigkeit zu (§ 36).

4. Die Folgen der Aufhebung einer Ehe sind die gleichen wie die Folgen der Scheidung (s. unten). Wer als schuldiger Teil anzusehen ist, richtet sich nach dem Schuldausspruch im Urteil. Als schuldig zu bezeichnen ist der Ehegatte, der den Aufhebungsgrund bei Eingehung der Ehe kannte oder von dem (oder mit dessen Wissen) die Täuschung oder die Drohung verübt worden ist. Bei Verbindung von Aufhebungs- und Scheidungsklage ist die Schuld eines Ehegatten, welche das Scheidungsbegehren oder einen Schuldantrag gegenüber diesem Begehren rechtfertigt. im Schuldausspruch zu berücksichtigen. Es sind also evtl. beide Ehegatten für schuldig, der eine oder andere Teil für überwiegend schuldig zu erklären (vgl. § 18 der DurchVO. vom 27. 7. 38 — RGBl. I S. 923 — zum Ehegesetz vom 6. 7. 1938 — RGBl. I S. 807).

F. Wiederverheiratung im Falle der Todeserklärung (früher §§ 1348—1352 BGB)

1. Grundsatz: Eine neue Ehe, die der Ehegatte eines für tot Erklärten aber noch Lebenden schließt, bewirkt die Auflösung der früheren Ehe, auch wenn die Todeserklärung nachträglich aufgehoben wird (§ 38 Abs. 2).

   Ausnahme: Die neue Ehe ist (gemäß § 20) nichtig, wenn beide Ehegatten bei der Eheschließung wissen, daß der für tot Erklärte die Todeserklärung überlebt hat (§ 38 Abs 1).

2. Der frühere Ehegatte des für tot Erklärten, der eine neue Ehe geschlossen hat, kann, wenn er gutgläubig war, mit der Aufhebungsklage die Aufhebung der neuen Ehe begehren (§ 39 Abs. 1); er darf aber, wenn die neue Ehe auf seine Klage hin aufgehoben wird, bei Lebzeiten des früheren Ehegatten nur mit diesem eine neue Ehe eingehen (§ 39 Abs. 2). In das Urteil, das die zweite Ehe aufhebt, ist ein Schuldausspruch gegen den Beklagten aufzunehmen, wenn dieser bei der Eheschließung gewußt hat, daß der

für tot erklärte Ehegatte die Todeserklärung überlebt hat (vgl. § 19 Abs. 2 der 1. DurchVO. vom 27. 7. 38 — RGBl I S. 923 — zum Ehegsetz vom 6. 7. 1938 — RGBl. I S. 807 —).

3. Wirkungen der Auflösung der früheren Ehe hinsichtlich der Sorge für die Person eines aus dieser Ehe hervorgegangenen Kindes sowie hinsichtlich der Beitragsleistung zu dem Unterhalt des Kindes wie bei Scheidung der Ehe ohne Schuldausspruch (§§ 40, 71, 74). Keine Unterhaltsansprüche der Ehegatten der aufgelösten früheren Ehe gegeneinander.

2. Recht der Ehescheidung

Scheidung einer Ehe: durch Gerichtsurteil auf Klage des scheidungsberechtigten Ehegatten, Auflösung mit Rechtskraft des die Scheidung aussprechenden Urteils (§ 41). Sachlich zuständig die Landgerichte, örtliche Zuständigkeit § 606 ZPO. Verfahrensvorschriften §§ 607 ff. ZPO. Anwaltszwang § 78 ZPO.

A. Scheidungsgründe

I. Gründe, welche ein Verschulden des anderen Teils voraussetzen:

a) Ehebruch (§ 42) — absoluter Scheidungsgrund —.

b) sonstige schwere Eheverfehlungen aller Art gegenüber dem anderen Teil oder ehrloses oder unsittliches Verhalten (§ 43) — relative Scheidungsgründe — die nur dann Erfolg haben können, wenn

das Verhalten des anderen Teiles unter Berücksichtigung der sich aus der ehelichen Lebensgemeinschaft ergebenden Pflichten als schuldhaft anzusehen ist und die Ehe so tief zerrüttet hat, daß die Wiederherstellung einer dem Wesen der Ehe entsprechenden Lebensgemeinschaft nicht erwartet werden kann.

Eigene Verfehlungen des die Scheidung begehrenden Teils können u. U. zur Abweisung seiner Klage führen (§ 43 Satz 2).

II. Gründe, welche kein Verschulden des anderen Teiles voraussetzen:

a) nicht als Eheverfehlung anzusprechendes, weil auf geistiger Störung beruhendes Verhalten des anderen Teils, wenn es die Wirkung einer so tiefen Zerrüttung der Ehe hat, daß die Wiederherstellung einer dem Wesen der Ehe entsprechenden Lebensgemeinschaft nicht erwartet werden kann (§ 44),

b) Geisteskrankheit des anderen Teiles so schweren Grades, daß die geistige Gemeinschaft zwischen den Ehegatten ohne Aussicht auf Wiederherstellung aufgehoben ist (§ 45),

c) schwere ansteckende oder ekelerregende Krankheit ohne Aussicht auf Heilung oder Beseitigung der Ansteckungsgefahr in absehbarer Zeit (§ 46).

Zu a, b und c:

Die Scheidungsklage muß in diesen Fällen abgewiesen werden, wenn das Scheidungsbegehren sittlich nicht zu rechtfertigen ist (§ 47 mit einer Reihe von Hinweisen für die Beurteilung).

d) dreijährige ununterbrochene Aufhebung der häuslichen Gemeinschaft der Ehegatten (§ 48).

Weitere Voraussetzung:

Es muß eine tiefgreifende unheilbare Zerrüttung als Ursache der Aufhebung der häuslichen Gemeinschaft ohne Aussicht auf Wiederherstellung einer dem Wesen der Ehe entsprechenden Lebensgemeinschaft vorhanden sein.

Widerspruchsrecht des beklagten Teiles, wenn der die Scheidung begehrende Teil die Zerrüttung ganz oder überwiegend verschuldet hat. Unbeachtlichkeit des Widerspruchs, wenn die Aufrechterhaltung der Ehe im konkreten Falle trotzdem sittlich nicht zu rechtfertigen ist.

Das Scheidungsbegehren ist unberechtigt und die Scheidungsklage ist abzuweisen, wenn das Interesse minderjähriger Kinder die Aufrechterhaltung der Ehe fordert (§ 48 Abs, 3).

B. Ausschluß des Scheidungsrechts

Das Recht eines der Ehegatten auf Scheidung wegen Verschuldens gemäß §§ 42, 43 geht verloren, wenn

a) sich aus seinem Verhalten ergibt, daß er die Verfehlung des anderen Teiles verziehen oder sie als ehezerstörend nicht empfunden hat (§ 49),

b) durch Fristablauf nach Maßgabe von § 50 (Klageerhebung binnen 6 Monaten von Kenntnis des Scheidungsgrundes an, wobei die Zeit der Aufhebung der häuslichen Gemeinschaft nicht mitzählt, absolut 10 Jahre nach Eintritt des Scheidungsgrundes).

Geltendmachung eines Scheidungsgrundes aus §§ 42, 43 auch noch nach Ablauf der Fristen des § 50 im Scheidungsprozeß möglich, wenn die Fristen bei Klageerhebung noch nicht verstrichen waren (§ 51 Abs. 1).

Unterstützende Geltendmachung solcher Scheidungsgründe auch nach Fristablauf, wenn die Scheidungsklage auf andere Eheverfehlungen gestützt wird (§ 51 Abs. 2).

C. Schuldausspruch

I. Bei Scheidung wegen Verschuldens aus § 42 oder § 43:

a) wird dem Klagebegehren stattgegeben, so ist der Beklagte für schuldig zu erklären (§ 52 Abs. 1),

b) hat der Beklagte Widerklage wegen Verschuldens des klagenden Teiles erhoben und ist auch die Widerklage begründet, so sind beide Teile für schuldig zu erklären. Ist das Verschulden des einen Teiles erheblich schwerer als das des anderen, so ist gleichzeitig auszusprechen, daß das Verschulden des einen oder anderen Teiles überwiegt (§ 52 Abs. 2).

c) Das Gleiche gilt, wenn der Beklagte, ohne Widerklage zu erheben, wegen eines eigenen Scheidungsgrundes einen Mitschuldantrag stellt und das Gericht diesen als begründet ansieht (§ 52 Abs. 3).

II. Bei Scheidung aus anderen Gründen (§§ 44—46, 48):
Ein Schuldausspruch kommt nicht in Frage. Ausnahme: wenn der beklagte Teil einen Scheidungsgrund wegen Verschuldens des klagenden Teiles geltend machen kann und deshalb, ohne Widerklage zu erheben, einen Antrag auf Schuldigerklärung des klagenden Teiles stellt und das Gericht diesen Antrag als begründet ansieht (§ 53 Abs. 2).

III. Bei Scheidung wegen Verschuldens und aus anderen Gründen:
Es handelt sich hierbei um die Fälle, in denen mit der Klage Verschuldensgründe, mit einer Widerklage andere Gründe geltend gemacht werden oder umgekehrt. Es ist die Schuld desjenigen Teiles auszusprechen, gegen den die auf einen Verschuldensgrund gestützte Klage oder Widerklage durchdringt.

D. Folgen der Scheidung.

I. Namen der geschiedenen Frau.

a) Grundsätzlich behält die geschiedene Frau den Familiennamen des Mannes (§ 54).

b) Die Frau kann aber auch ihren eigenen Familiennamen oder einen früheren Ehenamen wieder annehmen, den Namen aus einer früheren Ehe jedoch nur dann, wenn Nachkommen aus dieser Ehe vorhanden sind und die Frau nicht bei der Scheidung der letzten Ehe für allein oder überwiegend schuldig erklärt ist (§ 55).

c) Der Frau kann die Weiterführung des Familiennamens des Mannes verboten werden und zwar

aa) durch den Mann selbst, wenn die Frau allein oder überwiegend für schuldig erklärt ist (§ 56), bb) auf Antrag des Mannes durch das Vormundschaftsgericht, wenn die Frau sich nach der Scheidung einer schweren Verfehlung gegen den Mann schuldig macht oder sie gegen seinen Willen einen ehrlosen oder unsittlichen Lebenswandel führt (§ 57 Abs. 1).

Hat die Frau einen früheren Ehenamen angenommen, so kann der Antrag unter den Voraussetzungen des § 57 Abs. 1 auch von dem früheren Ehegatten gestellt werden (§ 57 Abs. 2).

II. Unterhalt.

1. Unterhaltspflicht der geschiedenen Ehegatten untereinander.

a) Bei Scheidung wegen Verschuldens aus einem der Gründe der §§ 42, 43:

Der allein oder überwiegend für schuldig erklärte Mann hat der Frau auf Lebenszeit den nach den Lebensverhältnissen der Ehegatten angemessenen Unterhalt unter Berücksichtigung der Einkünfte der Frau aus Vermögen oder Erwerbstätigkeit zu gewähren. Dem Manne muß jedoch vom eigenen Arbeitsverdienst und sonstigem Einkommen so viel bleiben, daß sein eigener angemessener Unterhalt unter Berücksichtigung seiner Unterhaltsverpflichtungen gegenüber minderjährigen unverheirateten Kindern und einem etwaigen neuen Ehegatten gegenüber nicht gefährdet wird; dies kann gegebenenfalls zu seiner völligen Befreiung führen. Die Entscheidung hat nach Billigkeitsgründen zu erfolgen (§§ 58 Abs. 1, 59).

Die allein oder überwiegend für schuldig erklärte Frau hat dem Mann nur dann Unterhalt zu gewähren, wenn dieser außer Stande ist, sich selbst zu unterhalten (§ 58 Abs. 2), aber auch in diesem Fall nur in den Grenzen des § 59, d. h. ohne Gefährdung ihres eigenen angemessenen Unterhalts.

Sind beide Ehegatten (auf Klage und Widerklage oder auf Mitschuldantrag des beklagten Teils) für schuldig erklärt, ohne daß die Schuld eines Teils überwiegt, so besteht grundsätzlich keine gegenseitige Unterhaltspflicht. Das zur Entscheidung angerufene Gericht kann aber aus Billigkeitsgründen den einen Teil verpflichten, zum Unterhalt des anderen Teils beizutragen (§ 60).

b) Bei Scheidung aus anderen Gründen (§§ 44—46, 48):

Enthält das Urteil keinen Schuldausspruch, so ist derjenige Teil dem anderen gegenüber unterhaltspflichtig, der die Scheidungsklage erhoben hat. Die Höhe des Unterhalts richtet sich in diesem Falle nach Billigkeitserwägungen mit Rücksicht auf die Bedürfnisse und die Vermögens- und Einkommensverhältnisse der geschiedenen Ehegatten und der unterhaltspflichtigen Verwandten des Berechtigten (§ 61 Abs. 2).

Enthält das Urteil einen Schuldausspruch (Fälle des § 53 Abs. 2 infolge Antrags des beklagten Teils wegen eines eigenen Scheidungsrechts):

Der schuldige Teil ist nach Maßgabe von §§ 58, 59 unterhaltspflichtig (§ 61 Abs. 1).

Das gleiche gilt bei Scheidung aus Schuld- und sonstigen Gründen (z. B. Klage aus § 48, Widerklage aus § 42).

Unterhaltsansprüche sind im Streitfalle mittels besonderer Klage geltend zu machen. Sachlich zuständig sind die Amtsgerichte (§ 23 GVG.). Bei Aenderung der Verhältnisse Abänderungsklage gemäß § 323 ZPO. Voraussetzung: wesentliche Aenderung derjenigen Verhältnisse, welche für die Verurteilung zur Entrichtung der Leistungen, für die Bestimmung der Höhe der Leistungen oder der Dauer ihrer Entrichtung maßgebend waren.

2. Art der Unterhaltsgewährung.

a) Regelform: Monatlich im voraus zu entrichtende Geldrente mit Anspruch des Berechtigten, u. U. Sicherheitsleistung zu verlangen (§ 62 Abs. 1, 3), evtl. auch Anspruch auf Kapitalabfindung. Der Unterhaltsanspruch kann nur für die Zukunft geltend gemacht werden, für die Vergangenheit nur, soweit der Verpflichtete (durch Mahnung) in Verzug gesetzt ist bzw. von der Rechtshängigkeit des Anspruchs an (Rechtshängigkeit durch Klageerhebung oder Güteantrag oder Zustellung eines Zahlungsbefehls) (§ 64, vgl. § 1613 BGB.).

b) Die Unterhaltspflicht der Verwandten des Berechtigten nach § 1601 ff. BGB. tritt hinter die des unterhaltspflichtigen Ehegatten zurück; umgekehrt, soweit der unterhaltspflichtige Ehegatte gemäß § 59 weniger als den angemessenen Unterhalt zu leisten braucht (§ 63 Abs. 1); primäre Haftung der Verwandten bei erheblich erschwerter oder unmöglicher Rechtsverfolgung gegen den unterhaltspflichtigen Ehegatten im Inlande (§ 63 Abs. 2).

3. Begrenzung und Wegfall des Unterhaltsanspruchs.

a) wird der Berechtigte aus sittlichem Verschulden bedürftig (z. B. aus Arbeitsscheu), so hat er nur Anspruch auf den notdürftigen (sonst angemessenen) Unterhalt (§ 65 Abs. 1, vgl. § 1611 Abs. 1 BGB). Mehrbedarf, der auf grobem Verschulden beruht, verleiht keinen erhöhten Unterhaltsanspruch (§ 65 Abs. 2).

b) Der Unterhaltsberechtigte verwirkt den Unterhaltsanspruch bei schwerer Verfehlung gegen den Verpflichteten nach der Scheidung oder bei Führung eines ehrlosen oder unsittlichen Lebenswandels gegen den Willen des Verpflichteten (§ 66, ähnlich §§ 1611 Abs. 2, 2333 Z. 5 BGB.).

c) Der Unterhaltsanspruch gegen den früheren Ehegatten erlischt mit der Wiederverheiratung des Berechtigten (§ 67) und mit seinem Tode (§ 69). In diesem Falle können aber die Erben des Berechtigten die bei seinem Tode fälligen und rückständigen Leistungen beanspruchen. Dem Unterhaltspflichtigen fallen unter Umständen auch die Bestattungskosten zur Last (§ 69 Abs. 2, vgl. § 1615 BGB.).

d) Der Tod des Verpflichteten hat im Gegensatz zu § 1615 BGB. keinen Einfluß auf den Unterhaltsanspruch des überlebenden Berechtigten; nur die nach § 60 einem Ehegatten auferlegte Beitragspflicht erlischt (§ 70 Abs. 3). An die Stelle des Verpflichteten treten sein oder seine Erben, mehrere als Gesamtschuldner (§§ 2058, 421 BGB.) ohne die Beschränkungsmöglichkeit des § 59 wegen Gefährdung des eigenen angemessenen Unterhalts, aber mit dem Anspruch auf Herabsetzung der Unterhaltsrente, wenn die geringe Ertragsfähigkeit des Nachlasses und die Verhältnisse des oder der Erben dies billig erscheinen lassen (§ 70 Abs. 1 u. 2). Daneben Haftungsbeschränkung auf den vorhandenen Nachlaß nach Maßgabe der allgemeinen erbrechtlichen Vorschriften bei Nachlaßverwaltung oder Nachlaßkonkurs — §§ 1975 ff. BGB.

4. Beitrag zum Unterhalt der Kinder.

Der geschiedene Ehegatte, der einem gemeinschaftlichen Kinde Unterhalt zu gewähren hat und gewährt, d. h. in der Regel der Vater (§ 1606 Abs. 2 BGB.), kann unabhängig von der Entscheidung über die Schuldfrage von dem anderen Teile einen Beitrag zu den Unterhaltskosten aus den Einkünften des anderen Teils verlangen. Der Anspruch des Kindes gegen den Verpflichteten wird hierdurch nicht berührt (§ 71).

5. Unterhaltsverträge.

Vertragliche Regelung der Unterhaltspflicht zwischen geschiedenen Eheleuten ist grundsätzlich zulässig, auch schon während des Scheidungsprozesses oder vor Einleitung desselben. Unterhaltsvereinbarungen, die vor Rechtskraft des Scheidungsurteils getroffen werden, sind jedoch sittenwidrig und damit gemäß § 138 BGB nichtig, wenn sie im Zusammenhang mit fingierten Scheidungsgründen stehen oder die Sittenwidrigkeit sich aus dem Inhalt der Vereinbarung selbst oder aus sonstigen Umständen ergibt (§ 72).

6. Widerruf von Schenkungen.

Das Widerrufsrecht steht nur dem schuldlos geschiedenen Ehegatten gegenüber dem für allein schuldig erklärten zu. Es ist zeitlich auf ein Jahr seit Rechtskraft des Scheidungsurteils beschränkt und nach dem Tode auch nur eines der geschiedenen Ehegatten ausgeschlossen (§ 73).

Können sich nach der Scheidung einer Ehe die bisherigen Ehegatten nicht darüber einigen, wer von ihnen die Ehewohnung künftig bewohnen und wer die Wohnungseinrichtung und den sonstigen Hausrat erhalten soll, so regelt auf Antrag das Amtsgericht, in dessen Bezirk sich die letzte gemeinsame Wohnung der Eheleute befunden hat, evtl. das Amtsgericht am Sitze des Landgerichts, bei dem der Scheidungsstreit anhängig war, die Rechtsverhältnisse an der Wohnung und am Hausrat (6. Durchführungsverordnung vom 21. 10. 1944, RGBl. I S. 256 zum Ehegesetz vom 6. 7. 1938, RGBl. I S. 807, die trotz Aufhebung des Ehegesetzes vom 6. 7. 1938 und seiner Durchführungsverordnungen gemäß § 79 als gültig anzusehen ist, da sie mit dem Gesetz vom 20. Februar 1946 nicht unvereinbar ist).

III. Verhältnis zu den Kindern.

a) Grundsätzlich freie Einigung der geschiedenen Ehegatten über die Sorge für die Person gemeinschaftlicher minderjähriger Kinder; Eingriffsrecht des Vormundschaftsgerichts, wenn keine Einigung zustande kommt oder die Vereinbarung nicht dem Interesse der Kinder entspricht (§ 74). Die allgemeinen Bestimmungen des BGB. über die gesetzliche Vertretung des Kindes in persönlichen Angelegenheiten, über die Verwaltung des Kindesvermögens und die Vertretung in Vermögensangelegenheiten sowie über die Nutznießung am Kindesvermögen (vgl. S. 45 ff.) bleiben unberührt.

b) Der Ehegatte, dem die Sorge für die Person des Kindes nicht zusteht, behält auf alle Fälle die Befugnis zum persönlichen Verkehr mit dem Kinde (§ 76). Zweifelhaft ist, ob auf dieses Recht vertraglich verzichtet werden kann.

IV. Recht zum Getrenntleben nach Verlust des Scheidungsrechts.

Bei Verlust des Scheidungsrechts wegen Verschuldens des anderen Teils durch Verzeihung oder Fristablauf (§§ 49, 50) besteht die Pflicht zur ehelichen Lebensgemeinschaft (§ 1353 BGB., s. S. 7) fort (§ 76).

3. Härtemilderungsklage

Die Vorschriften über die Härtemilderungsklage (§ 77) dienen der Wiedergutmachung von Nachteilen, die jemend erlitten hat

a) durch gerichtliche Entscheidungen familienrechtlicher Art auf Grund solcher Vorschriften des Ehegesetzes vom 6. 7. 1938, die durch das Kontrollratsgesetz über die Ehe aufgehoben sind, wie z. B. Scheidungsurteile auf Grund des § 53 des Ehegesetzes (Scheidung wegen vorzeitiger Unfruchtbarkeit), Ehenichtigkeitsurteile wegen Verstoßes gegen §§ 4, 5 des Ehegesetzes (Eheverbote wegen Blutsverschiedenheit oder aus Gründen der Volksgesundheit),

b) durch gerichtliche Entscheidungen familienrechtlicher Art auf Grund von Vorschriften des Ehegesetzes vom 6. 7. 1938, die gültig geblieben sind, die aber aus rassenmäßigen, politischen oder religiösen Gesichtspunkten zu Ungunsten jemandes ausgelegt worden sind, wie z. B. die zahlreichen Aufhebungsurteile gemäß § 37 des Ehegesetzes wegen Irrtums über Rassenzugehörigkeit, volks- und staatsfeindlicher Haltung usw. des anderen Ehegatten.

Gegenstand der Härtemilderungsklage ist der Ausgleich unbillig erlittenen Schadens wirtschaftlicher Art oder die Abstellung oder Milderung solcher Härten, die den Benachteiligten in seiner persönlichen Stellung beeinträchtigen wie z. B. nachträgliche Zubilligung von Unterhaltsleistungen, Ehelichkeitserklärung von Kindern aus Ehen, die gemäß § 29 des Ehegesetzes für nichtig erklärt worden sind (wegen Verstoßes gegen das Gesetz zum Schutze des deutschen Blutes und der deutschen Ehre bzw. gegen das Ehegesundheitsgesetz).

Wiederherstellung einer für nichtig erklärten, aufgehobenen oder geschiedenen Ehe ist nicht möglich.

Klageberechtigt sind

jeder der durch die Entscheidung benachteiligten Ehegatten,
die aus der Ehe hervorgegangenen Kinder,
der Staatsanwalt.

Frist für die Erhebung der Klage: innerhalb von zwei Jahren seit dem Inkrafttreten des Kontrollratsgesetzes über die Ehe (1. März 1946).

Entscheidung nach freiem durch Billigkeit bestimmten Ermessen des Gerichts.

Anhang

Alliierte Kontrollbehörde — Kontrollrat.
Gesetz Nr. 16: Über die Ehe.

Erster Abschnitt.
Recht der Eheschließung.

A. Ehefähigkeit.

§ 1

Ehemündigkeit.

1. Ein Mann soll nicht vor Vollendung des einundzwanzigsten Lebensjahres, eine Frau soll nicht vor Vollendung des sechzehnten Lebensjahres eine Ehe eingehen.

2. Dem Mann und der Frau kann Befreiung von dieser Vorschrift bewilligt werden, dem Mann jedoch nur dann, wenn er das achtzehnte Lebensjahr vollendet hat und nicht mehr unter elterlicher Gewalt oder unter Vormundschaft steht.

§ 2

Geschäftsunfähigkeit.

Wer geschäftsunfähig ist, kann eine Ehe nicht eingehen.

§ 3

Einwilligung des gesetzlichen Vertreters und der Sorgeberechtigten.

1. Wer minderjährig oder aus anderen Gründen in der Geschäftsfähigkeit beschränkt ist, bedarf zur Eingehung einer Ehe der Einwilligung seines gesetzlichen Vertreters.

2. Steht dem gesetzlichen Vertreter eines Minderjährigen nicht gleichzeitig die Sorge für die Person des Minderjährigen zu oder ist neben ihm noch ein anderer sorgeberechtigt, so ist auch die Einwilligung des Sorgeberechtigten erforderlich.

3. Verweigert der gesetzliche Vertreter oder der Sorgeberechtigte die Einwilligung ohne triftige Gründe, so kann der Vormundschaftsrichter sie auf Antrag des Verlobten, der der Einwilligung bedarf, ersetzen.

B. Eheverbote.

§ 4

Verwandtschaft und Schwägerschaft.

1. Eine Ehe darf nicht geschlossen werden zwischen Verwandten in gerader Linie, zwischen vollbürtigen und halbbürtigen Geschwistern sowie zwischen Verschwägerten in gerader Linie, gleichgültig, ob die Verwandtschaft auf ehelicher oder auf unehelicher Geburt beruht.

2. Eine Ehe darf nicht geschlossen werden zwischen Personen, von denen die eine mit Eltern, Voreltern oder Abkömmlingen der anderen Geschlechtsgemeinschaft gepflogen hat.

3. Von dem Eheverbot der Schwägerschaft kann Befreiung erteilt werden.

§ 5

Doppelehe.

Niemand darf eine Ehe eingehen, bevor seine frühere Ehe für nichtig erklärt oder aufgelöst ist.

§ 6

Ehebruch.

1. Eine Ehe darf nicht geschlossen werden zwischen einem wegen Ehebruchs geschiedenen Ehegatten und demjenigen, mit dem er den Ehebruch begangen hat, wenn dieser Ehebruch in dem Scheidungsurteil als Grund der Scheidung festgestellt ist.

2. Von dieser Vorschrift kann Befreiung bewilligt werden. Sie soll nur versagt werden, wenn schwerwiegende Gründe der Eingehung der neuen Ehe entgegenstehen.

§ 7

Annahme an Kindes Statt.

Eine Ehe soll nicht geschlossen werden zwischen einem angenommenen Kinde und seinen Abkömmlingen einerseits und dem Annehmenden andererseits, solange das durch die Annahme begründete Rechtsverhältnis besteht.

§ 8

Wartezeit.

1. Eine Frau soll nicht vor Ablauf von zehn Monaten nach der Auflösung oder Nichtigerklärung ihrer frühereen Ehe eine neue Ehe eingehen, es sei denn, daß sie inzwischen geboren hat.

2. Von dieser Vorschrift kann Befreiung bewilligt werden.

§ 9

Auseinandersetzungszeugnis des Vormundschaftsrichters.

Wer ein eheliches Kind hat, das minderjährig ist oder unter seiner Vormundschaft steht, oder wer mit einem minderjährigen oder bevormundeten Abkömmling in fortgesetzter Gütergemeinschaft lebt, soll eine Ehe nicht eingehen, bevor er ein Zeugnis des Vormundschaftsrichters darüber beigebracht hat, daß er dem Kinde oder dem Abkömmling gegenüber die ihm aus Anlaß der Wiederverheiratung obliegenden Pflichten erfüllt hat oder daß ihm solche Pflichten nicht obliegen.

§ 10

Ehefähigkeitszeugnis für Ausländer.

1. Ausländer sollen eine Ehe nicht eingehen, bevor sie ein Zeugnis der inneren Behörde ihres Heimatlandes darüber beigebracht haben, daß der Eheschließung ein in den Gesetzen des Heimatlandes begründetes Ehehindernis nicht entgegensteht.

2. Von dieser Vorschrift kann Befreiung bewilligt werden.

C. Eheschließung.

§ 11

1. Eine Ehe kommt nur zustande, wenn die Eheschließung vor einem Standesbeamten stattgefunden hat.

2. Als Standesbeamter im Sinne des Abs. 1 gilt auch, wer, ohne Standesbeamter zu sein, das Amt eines Standesbeamten öffentlich ausgeübt und die Ehe in das Familienbuch eingetragen hat.

§ 12

Aufgebot.

1. Der Eheschließung soll ein Aufgebot vorhergehen. Das Aufgebot verliert seine Kraft, wenn die Ehe nicht binnen sechs Monaten nach Vollziehung des Aufgebots geschlossen wird.

2. Die Ehe kann ohne Aufgebot geschlossen werden, wenn die lebensgefährliche Erkrankung eines der Verlobten den Aufschub der Eheschließung nicht gestattet.

3. Von dem Aufgebot kann Befreiung bewilligt werden:

§ 13

Form der Eheschließung.

1. Die Ehe wird dadurch geschlossen, daß die Verlobten vor dem Standesbeamten persönlich und bei gleichzeitiger Anwesenheit erklären, die Ehe miteinander eingehen zu wollen.

2. Die Erklärungen können nicht unter einer Bedingung oder einer Zeitbestimmung abgegeben werden.

§ 14

Trauung.

1. Der Standesbeamte soll bei der Eheschließung in Gegenwart von zwei Zeugen an die Verlobten einzeln und nacheinander die Frage richten, ob sie die Ehe miteinander eingehen wollen, und, nachdem die Verlobten die Frage bejaht haben, im Namen des Rechts aussprechen, daß sie nunmehr rechtmäßig verbundene Eheleute seien.

2. Der Standesbeamte soll die Eheschließung in das Familienbuch eintragen.

§ 15

Zuständigkeit des Standesbeamten.

1. Die Ehe soll vor dem zuständigen Standesbeamten geschlossen werden.

2. Zuständig ist der Standesbeamte, in dessen Bezirk einer der Verlobten seinen Wohnsitz oder seinen gewöhnlichen Aufenthalt hat. Unter mehreren zuständigen Standesbeamten haben die Verlobten die Wahl.

3. Hat keiner der Verlobten seinen Wohnsitz oder seinen gewöhnlichen Aufenthalt im Inland, so ist für die Eheschließung im Inland der Standesbeamte des Standesamts I in Berlin oder der Hauptstandesämter in München, Baden-Baden und Hamburg zuständig.

4. Auf Grund einer schriftlichen Ermächtigung des zuständigen Standesbeamten kann die Ehe auch vor dem Standesbeamten eines anderen Bezirks geschlossen werden.

§ 15 a (eingefügt durch Kontrollratsges. Nr. 52 v. 21. April 1947)

1. Als Ausnahme von den Bestimmungen der §§ 11, 12, 13, 14, 15 und 17 dieses Gesetzes kann eine Ehe zwischen Verlobten, von denen keiner die deutsche Staatsangehörigkeit besitzt, vor einer von der Regierung des Landes, dessen Staatsangehörigkeit einer der Verlobten besitzt, ordnungsmäßig ermächtigten Person in der von den Gesetzen dieses Landes vorgeschriebenen Form geschlossen werden.

2. Eine beglaubigte Abschrift der Eintragung der so geschlossenen Ehe in das Eheregister, das von der dazu ordnungsmäßig ermächtigten Person geführt wird, ist als schlüssiger Beweis der Eheschließung anzusehen. Der deutsche Standesbeamte des Bezirkes, in dem die Eheschließung stattfand, hat auf Grund der Vorlage einer solchen beglaubigten Abschrift eine Eintragung in das Familienbuch zu machen und die Abschrift zu den Akten zu nehmen.

D. Nichtigkeit der Ehe.

I. Nichtigkeitsgründe.

§ 16

Eine Ehe ist nur in den Fällen nichtig, in denen dies in den Paragraphen 17 bis 22 dieses Gesetzes bestimmt ist.

§ 17

Mangel der Form.

1. Eine Ehe ist nichtig, wenn die Eheschließung nicht in der durch § 13 vorgeschriebenen Form stattgefunden hat.

2. Die Ehe ist jedoch als von Anfang an gültig anzusehen, wenn die Ehegatten nach der Eheschließung fünf Jahre, oder, falls einer von ihnen vorher verstorben ist, bis zu dessen Tod, jedoch mindestens drei Jahre, als Ehegatten miteinander gelebt haben, es sei denn, daß bei Ablauf der fünf Jahre oder zur Zeit des Todes des einen Ehegatten die Nichtigkeitsklage erhoben ist.

§ 18

Mangel der Geschäfts- oder Urteilsfähigkeit.

1. Eine Ehe ist nichtig, wenn einer der Ehegatten zur Zeit der Eheschließung geschäftsunfähig war oder sich im Zustand der Bewußtlosigkeit oder vorübergehenden Störung der Geistestätigkeit befand.

2. Die Ehe ist jedoch als von Anfang an gültig anzusehen, wenn der Ehegatte nach dem Wegfall der Geschäftsunfähigkeit, der Bewußtlosigkeit oder der Störung der Geistestätigkeit zu erkennen gibt, daß er die Ehe fortsetzen will.

§ 19

Namensehe

1. Eine Ehe ist nichtig, wenn sie ausschließlich oder vorwiegend zu dem Zwecke geschlossen ist, der Frau die Führung des Familiennamens des Mannes zu ermöglichen, ohne daß die eheliche Lebensgemeinschaft begründet werden soll.

2. Die Ehe ist jedoch als von Anfang an gültig anzusehen, wenn die Ehegatten nach der Eheschließung fünf Jahre, oder, falls einer von ihnen vorher verstorben ist, bis zu seinem Tode, jedoch mindestens drei Jahre als Ehegatten miteinander gelebt haben, es sei denn, daß bei Ablauf der fünf Jahre oder zur Zeit des Todes des einen Ehegatten die Nichtigkeitsklage erhoben ist.

§ 20

Doppelehe

Eine Ehe ist nichtig, wenn einer der Ehegatten zur Zeit der Eheschließung mit einem Dritten in gültiger Ehe lebt.

§ 21

Verwandtschaft und Schwägerschaft

1. Eine Ehe ist nichtig, wenn sie zwischen Verwandten oder Verschwägerten dem Verbote des § 4 zuwider geschlossen worden ist.

2. Die Ehe zwischen Verschwägerten ist jedoch als von Anfang an gültig anzusehen, wenn die Befreiung nach Maßgabe der Vorschrift des § 4 Abs. 3 nachträglich bewilligt wird.

§ 22

Ehebruch

1. Eine Ehe ist nichtig, wenn sie wegen Ehebruchs nach § 6 verboten war.

2. Die Ehe ist jedoch als von Anfang an gültig anzusehen, wenn nachträglich Befreiung nach Maßgabe der Vorschrift des § 6, Absatz 2, bewilligt wird.

II. Berufung auf die Nichtigkeit

§ 23

Niemand kann sich auf die Nichtigkeit einer Ehe berufen, solange nicht die Ehe durch gerichtliches Urteil für nichtig erklärt worden ist.

§ 24

Klagebefugnis

1. In den Fällen der Nichtigkeit kann der Staatsanwalt und jeder der Ehegatten, im Falle des Paragraphen 20 auch der Ehegatte der früheren Ehe die Nichtigkeitsklage erheben. Ist die Ehe aufgelöst, so kann nur der Staatsanwalt die Nichtigkeitsklage erheben.

2. Sind beide Ehegatten verstorben, so kann eine Nichtigkeitsklage nicht mehr erhoben werden.

III. Folgen der Nichtigkeit.

§ 25

Rechtliche Stellung der Kinder

1. Ein Kind aus einer Ehe, die nichtig ist, gilt als ehelich, sofern es im Falle der Gültigkeit der Ehe ehelich wäre.

2. Auf das Recht, für die Person des Kindes zu sorgen, finden die im Falle der Scheidung geltenden Vorschriften entsprechende Anwendung. Der Schuldigerklärung steht es gleich, wenn einem der Ehegatten die Nichtigkeit der Ehe zur Zeit der Eheschließung bekannt war.

3. Die Verwaltung und Nutznießung des Kindesvermögens, und die Vertretung des Kindes in vermögensrechtlichen Angelegenheiten steht einem Ehegatten, dem die Nichtigkeit der Ehe bei der Eheschließung bekannt war, nicht zu.

§ 26

Vermögensrechtliche Beziehungen der Ehegatten

1. Hat auch nur einer der Ehegatten die Nichigkeit der Ehe bei der Eheschließung nicht gekannt, so finden auf das Verhältnis der Ehegatten in vermögensrechtlicher Beziehung die im Falle der Scheidung geltenden Vorschriften entsprechende Anwendung. Dabei ist ein Ehegatte, dem die Nichtigkeit der Ehe bei der Eheschließung bekannt war, wie ein für schuldig erklärter Ehegatte zu behandeln.

2. Ein Ehegatte, der die Nichtigkeit der Ehe bei der Eheschließung nicht gekannt hat, kann binnen sechs Monaten, nachdem die Ehe rechtskräftig für nichtig erklärt ist, dem anderen Ehegatten erklären, daß es für ihr Verhältnis in vermögensrechtlicher Beziehung bei den Folgen der Nichtigkeit bewenden solle. Gibt er eine solche Erklärung ab, so findet die Vorschrift des Abs. 1 keine Anwendung.

§ 27

Schutz gutgläubiger Dritter

Einem Dritten gegenüber können aus der Nichtigkeit der Ehe Einwendungenen gegen ein zwischen ihm und einem der Ehegatten vorgenommenes Rechtsgeschäft oder gegen ein zwischen ihnen ergangenes rechtskräftiges Urteil nur hergeleitet werden, wenn die Ehe bereits zur Zeit der Vornahme des Rechtsgeschäfts oder zur Zeit des Eintritts der Rechtshängigkeit für nichtig erklärt oder die Nichtigkeit dem Dritten bekannt war.

E. Aufhebung der Ehe.

I. Allgemeine Vorschriften

§ 28

Die Aufhebung der Ehe kann nur in den Fällen der §§ 30 bis 34 und 39 dieses Gesetzes begehrt werden.

§ 29

Die Ehe wird durch gerichtliches Urteil aufgehoben. Sie ist mit der Rechtskraft des Urteils aufgelöst.

II. Aufhebungsgründe

§ 30

Mangel der Einwilligung des gesetzlichen Vertreters

1. Ein Ehegatte kann Aufhebung der Ehe begehren, wenn er zur Zeit der Eheschließung oder im Falle des § 18 Abs. 2 zur Zeit der Bestätigung in der Geschäftsfähigkeit beschränkt war und sein gesetzlicher Vertreter nicht die Einwilligung zur Eheschließung oder zur Bestätigung erteilt hatte. Solange der Ehegatte in der Geschäftsfähigkeit beschränkt ist, kann nur sein gesetzlicher Vertreter die Aufhebung der Ehe begehren.

2. Die Aufhebung ist ausgeschlossen, wenn der gesetzliche Vertreter die Ehe genehmigt oder der Ehegatte, nachdem er unbeschränkt geschäftsfähig geworden ist, zu erkennen gegeben hat, daß er die Ehe fortsetzen will.

3. Verweigert der gesetzliche Vertreter die Genehmigung ohne triftige Gründe, so kann der Vormundschaftsrichter sie auf Antrag eines Ehegatten ersetzen.

§ 31

Irrtum über die Eheschließung oder über die Person des anderen Ehegatten

1. Ein Ehegatte kann Aufhebung der Ehe begehren, wenn er bei der Eheschließung nicht gewußt hat, daß es sich um eine Eheschließung handelt, oder wenn er dies zwar gewußt hat,

aber eine Erklärung, die Ehe eingehen zu wollen, nicht hat abgeben wollen. Das gleiche gilt, wenn der Ehegatte sich in der Person des anderen Ehegatten geirrt hat.

2. Die Aufhebung ist ausgeschlossen, wenn der Ehegatte nach Entdeckung des Irrtums zu erkennen gegeben hat, daß er die Ehe fortsetzen will.

§ 32

Irrtum über die persönlichen Eigenschaften des anderen Ehegatten

1. Ein Ehegatte kann Aufhebung der Ehe begehren, wenn er sich bei der Eheschließung über solche persönlichen Eigenschaften des anderen Ehegatten geirrt hat, die ihn bei Kenntnis der Sachlage und bei verständiger Würdigung des Wesens der Ehe von der Eingehung der Ehe abgehalten haben würde.

2. Die Aufhebung ist ausgeschlossen, wenn der Ehegatte nach Entdeckung des Irrtums zu erkennen gegeben hat, daß er die Ehe fortsetzen will, oder wenn sein Verlangen nach Aufhebung der Ehe mit Rücksicht auf die bisherige Gestaltung des ehelichen Lebens der Ehegatten als sittlich nicht gerechtfertigt erscheint.

§ 33

Arglistige Täuschung.

1. Ein Ehegatte kann Aufhebung der Ehe begehren, wenn er zur Eingehung der Ehe durch arglistige Täuschung über solche Umstände bestimmt worden ist, die ihn bei Kenntnis der Sachlage und bei richtiger Würdigung des Wesens der Ehe von der Eingehung der Ehe abgehalten hätte.

2. Die Aufhebung ist ausgeschlossen, wenn die Täuschung von einem Dritten ohne Wissen des anderen Ehegatten verübt worden ist, oder wenn der Ehegatte nach Entdeckung der Täuschung zu erkennen gegeben hat, daß er die Ehe fortsetzen will.

3. Auf Grund einer Täuschung über Vermögensverhältnisse kann die Aufhebung der Ehe nicht begehrt werden.

§ 34

Drohung.

1. Ein Ehegatte kann Aufhebung der Ehe begehren, wenn er zur Eingehung der Ehe widerrechtlich durch Drohung bestimmt worden ist.

2. Die Aufhebung ist ausgeschlossen, wenn der Ehegatte nach Aufhören der durch die Drohung begründeten Zwangslage zu erkennen gegeben hat, daß er die Ehe fortsetzen will.

III. Erhebung der Aufhebungsklage.

§ 35

Klagefrist.

1. Die Aufhebungsklage kann nur binnen eines Jahres erhoben werden.

2. Die Frist beginnt in den Fällen des Paragraphen 30 mit dem Zeitpunkt, in welchem die Eingehung oder die Bestätigung der Ehe dem gesetzlichen Vertreter bekannt wird, oder der Ehegatte die unbeschränkte Geschäftsfähigkeit erlangt; in den Fällen der Paragraphen 31—33 mit dem Zeitpunkt, in welchem der Ehegatte den Irrtum oder die Täuschung entdeckt; in dem Falle des Paragraphen 34 mit dem Zeitpunkt, in welchem die Zwangslage aufhört.

3. Der Lauf der Frist ist gehemmt, solange der klageberechtigte Ehegatte innerhalb der letzten sechs Monate der Klagefrist durch einen unabwendbaren Zufall an der Erhebung der Aufhebungsklage gehindert ist.

4. Hat ein klageberechtigter Ehegatte, der geschäftsunfähig ist, keinen gesetzlichen Vertreter, so endet die Klagefrist nicht vor dem Ablauf von sechs Monaten nach dem Zeitpunkt, von dem an der Ehegatte die Aufhebungsklage selbständig erheben kann oder in dem der Mangel der Vertretung aufhört.

§ 36

Versäumung der Klagefrist durch den gesetzlichen Vertreter.

Hat der gesetzliche Vertreter eines geschäftsunfähigen Ehegatten die Aufhebungsklage nicht rechtzeitig erhoben, so kann der Ehegatte selbst innerhalb von sechs Monaten seit dem Wegfall der Geschäftsunfähigkeit die Aufhebungsklage erheben.

IV. Folgen der Aufhebung.

§ 37

1. Die Folgen der Aufhebung einer Ehe bestimmen sich nach den Vorschriften über die Folgen der Scheidung.

2. In den Fällen der Paragraphen 30—32 ist der Ehegatte als schuldig anzusehen, der den Aufhebungsgrund bei Eingehung der Ehe kannte; in den Fällen der Paragraphen 33 und 34 der Ehegatte, von dem oder mit dessen Wissen die Täuschung oder die Drohung verübt worden ist.

F. Wiederverheiratung im Falle der Todeserklärung.

§ 38

1. Geht ein Ehegatte, nachdem der andere Ehegatte für tot erklärt worden ist, eine neue Ehe ein, so ist die neue Ehe nicht deshalb nichtig, weil der für tot erklärte Ehegatte noch lebt, es sei denn, daß beide Ehegatten bei der Eheschließung wissen, daß er die Todeserklärung überlebt hat.

2. Mit der Schließung der neuen Ehe wird die frühere Ehe aufgelöst. Sie bleibt auch dann aufgelöst, wenn die Todeserklärung aufgehoben wird.

§ 39

1. Lebt der für tot erklärte Ehegatte noch, so kann sein früherer Ehegatte die Aufhebung der neuen Ehe begehren, es sei denn, daß er bei der Eheschließung wußte, daß der für tot erklärte Ehegatte die Todeserklärung überlebt hat.

2. Macht der frühere Ehegatte von dem ihm nach Abs. 1 zustehenden Recht Gebrauch und wird die neue Ehe aufgehoben, so kann er zu Lebzeiten seines Ehegatten aus der früheren Ehe eine neue Ehe nur mit diesem eingehen. Im übrigen bestimmen sich die Folgen der Aufhebung nach Paragraph 37.

§ 40

Ist eine Ehe gemäß Paragraph 38, Abs. 2, aufgelöst, so regelt sich das Recht, für die Person eines Kindes aus dieser Ehe zu sorgen, sowie die Verpflichtung eines der Ehegatten, dem anderen einen Beitrag zu dem Unterhalt dieses Kindes zu leisten, in gleicher Weise wie wenn die Ehe ohne Schuldspruch geschieden worden wäre.

II. Abschnitt: Recht der Ehescheidung.

A) Allgemeine Vorschriften.

§ 41

Die Ehe wird durch gerichtliches Urteil geschieden. Sie ist mit der Rechtskraft des Urteils aufgelöst. Die Voraussetzungen, unter denen die Scheidung begehrt werden kann, ergeben sich aus den nachstehenden Vorschriften.

B) Ehescheidungsgründe.

I. Scheidung wegen Verschuldens (Eheverfehlungen).

§ 42

Ehebruch.

1. Ein Ehegatte kann Scheidung begehren, wenn der andere die Ehe gebrochen hat.

2. Er hat kein Recht auf Scheidung, wenn er dem Ehebruch zustimmt oder ihn durch sein Verhalten absichtlich ermöglicht oder erleichtert hat.

§ 43

Andere Eheverfehlungen.

Ein Ehegatte kann Scheidung begehren, wenn der andere durch eine schwere Eheverfehlung oder durch ehrloses oder unsittliches Verhalten die Ehe schuldhaft so tief zerrüttet hat, daß die Wiederherstellung einer ihrem Wesen entsprechenden Lebensgemeinschaft nicht mehr erwartet werden kann. Wer selbst eine Verfehlung begangen hat, kann die Scheidung nicht begehren, wenn nach der Art seiner Verfehlung, insbesondere wegen des Zusammenhangs der Verfehlung des anderen Ehegatten mit seinem eigenen Verschulden, sein Scheidungsbegehren bei richtiger Würdigung des Wesens der Ehe sittlich nicht gerechtfertigt ist.

II. Scheidung aus anderen Gründen.

§ 44

Auf geistiger Störung beruhendes Verhalten.

Ein Ehegatte kann Scheidung begehren, wenn die Ehe infolge eines Verhaltens des anderen Ehegatten, das nicht als Eheverfehlung betrachtet werden kann, weil es auf einer geistigen Störung beruht, so tief zerrüttet ist, daß die Wiederherstellung einer dem Wesen der Ehe entsprechenden Lebensgemeinschaft nicht erwartet werden kann.

§ 45

Geisteskrankheit.

Ein Ehegatte kann Scheidung begehren, wenn der andere geisteskrank ist, die Krankheit einen solchen Grad erreicht hat, daß die geistige Gemeinschaft zwischen den Ehegatten aufgehoben ist, und eine Wiederherstellung dieser Gemeinschaft nicht erwartet werden kann.

§ 46

Ansteckende oder ekelerregende Krankheit.

Ein Ehegatte kann Scheidung begehren, wenn der andere an einer schweren ansteckenden oder ekelerregenden Krankheit leidet und ihre Heilung oder die Beseitigung der Ansteckungsgefahr in absehbarer Zeit nicht erwartet werden kann.

§ 47

Vermeidung von Härten.

In den Fällen der Paragraphen 44 bis 46 darf die Ehe nicht geschieden werden, wenn das Scheidungsbegehren sittlich nicht gerechtfertigt ist. Dies ist in der Regel dann anzunehmen, wenn die Auflösung der Ehe den anderen Ehegatten außergewöhnlich hart treffen würde. Ob dies der Fall ist, richtet sich nach den Umständen, namentlich auch nach der Dauer der Ehe, dem Lebensalter der Ehegatten und dem Anlaß der Erkankung.

§ 48

Aufhebung der häuslichen Gemeinschaft.

1. Ist die häusliche Gemeinschaft der Ehegatten seit drei Jahren aufgehoben und infolge einer tiefgreifenden unheilbaren Zerrüttung des ehelichen Verhältnisses die Wiederherstellung einer dem Wesen der Ehe entsprechenden Lebensgemeinschaft nicht zu erwarten, so kann jeder Ehegatte die Scheidung begehren.

2. Hat der Ehegatte, der die Scheidung begehrt, die Zerrüttung ganz oder überwiegend verschuldet, so kann der andere der Scheidung widersprechen. Der Widerspruch ist nicht zu beachten, wenn die Aufrechterhaltung der Ehe bei richtiger Würdigung des Wesens der Ehe und des gesamten Verhaltens beider Ehegatten sittlich nicht gerechtfertigt ist.

3. Dem Scheidungsbegehren ist nicht stattzugeben, wenn das wohlverstandene Interesse eines oder mehrerer minderjähriger Kinder, die aus der Ehe hervorgegangen sind, die Aufrechterhaltung der Ehe erfordert.

C) Ausschluß des Scheidungsrechts.

§ 49

Verzeihung.

Das Recht auf Scheidung wegen Verschuldens besteht nicht, wenn sich aus dem Verhalten des verletzten Ehegatten ergibt, daß er die Verfehlung des anderen verziehen oder sie als ehezerstörend nicht empfunden hat.

§ 50

Fristablauf.

1. Das Recht auf Scheidung wegen Verschuldens erlischt, wenn der Ehegatte nicht binnen sechs Monaten die Klage erhebt. Die Frist beginnt mit der Kenntnis des Scheidungsgrundes. Sie läuft nicht, solange die häusliche Gemeinschaft der Ehegatten aufgehoben ist. Fordert der schuldige Ehegatte den anderen auf, die Gemeinschaft herzustellen oder die Klage auf Scheidung zu erheben, so läuft die Frist vom Empfang der Aufforderung an.

2. Die Scheidung ist nicht mehr zulässig, wenn seit dem Eintritt des Scheidungsgrundes zehn Jahre verstrichen sind.

3. Der Erhebung der Klage steht der Antrag auf Anberaumung eines Sühnetermins gleich, sofern die Ladung demnächst erfolgt. Der Antrag verliert diese Wirkung, wenn der Antragsteller im Sühnetermin nicht erscheint oder die Klage nicht binnen drei Monaten seit dem Abschluß des Sühnetermins erhebt.

4. Für die Sechs- und Dreimonatsfrist gilt Paragraph 35, Abs. 3 und 4 entsprechend.

§ 51

Nachträgliche Geltendmachung von Scheidungsgründen bei Scheidung wegen Verschuldens.

1. Nach Ablauf der in Paragraph 50 bezeichneten Fristen kann während eines Scheidungsstreites ein Scheidungsgrund noch geltend gemacht werden, wenn die Frist bei der Klageerhebung noch nicht verstrichen war.

2. Eheverfehlungen, auf die eine Scheidungsklage nicht mehr gegründet werden kann, können auch nach Ablauf der Fristen des Paragraphen 50 zur Unterstützung einer auf andere Eheverfehlungen gegründeten Scheidungsklage geltend gemacht werden.

D) Schuldausspruch.

§ 52

Bei Scheidung wegen Verschuldens.

1. Wird die Ehe wegen Verschuldens des Beklagten geschieden, so ist dies im Urteil auszusprechen.

2. Hat der Beklagte Widerklage erhoben, und wird die Ehe wegen Verschuldens beider Ehegatten geschieden, so sind beide für schuldig zu erklären. Ist das Verschulden des einen Ehegatten erheblich schwerer als das des anderen, so ist zugleich auszusprechen, daß seine Schuld überwiegt.

3. Auch ohne Erhebung einer Widerklage ist auf Antrag des Beklagten die Mitschuld des Klägers auszusprechen, wenn die Ehe wegen einer Verfehlung des Beklagten geschieden wird, und dieser zur Zeit der Erhebung der Klage oder später auf Scheidung wegen Verschuldens hätte klagen können. Hatte der Beklagte bei der Klageerhebung das Recht, die Scheidung wegen Verschuldens des Klägers zu begehren, bereits verloren, so ist dem Antrag gleichwohl stattzugeben, wenn dies der Billigkeit entspricht, Abs. 2 Satz 2 und Paragraph 50, Abs. 3 gelten entsprechend.

§ 52

Scheidung aus anderen Gründen.

1. Wird die Ehe auf Klage und Widerklage geschieden, und trifft nur einen Ehegatten ein Verschulden, so ist dies im Urteil auszusprechen.

2. Wird die Ehe lediglich auf Grund der Vorschriften der Paragraphen 44 bis 46 und 48 geschieden, und hätte der Beklagte zur Zeit der Erhebung der Klage oder später auf Scheidung wegen Verschuldens des Klägers klagen können, so ist auch ohne Erhebung der Widerklage auf Antrag des Beklagten auszusprechen, daß den Kläger ein Verschulden trifft. Hatte der Beklagte bei der Klageerhebung das Recht, die Scheidung wegen Verschuldens des Klägers zu begehren, bereits verloren, so ist dem Antrag gleichwohl stattzugeben, wenn dies der Billigkeit entspricht. Paragraph 50, Abs. 3 findet entsprechende Anwendung.

E) Folgen der Scheidung.

I. Name der geschiedenen Frau.

§ 54

Grundsatz.

Die geschiedene Frau behält den Familiennamen des Mannes.

§ 55

Wiederannahme eines früheren Namens.

1. Die geschiedene Frau kann durch Erklärung gegenüber dem Standesbeamten ihren Familiennamen wieder annehmen. Die Erklärung bedarf der öffentlichen Beglaubigung.

2. In gleicher Weise kann die Frau einen früheren Ehenamen, den sie bei Eingehung der geschiedenen Ehe hatte, wieder annehmen, wenn aus der früheren Ehe Nachkommenschaft vorhanden ist

Die Wiederannahme ist ausgeschlossen, wenn die Frau allein oder überwiegend für schuldig erklärt ist.

§ 56

Untersagung der Namensführung durch den Mann.

1. Ist die Frau allein oder überwiegend für schuldig erklärt, so kann ihr Mann durch Erklärung gegenüber dem Standesbeamten die Weiterführung seines Namens untersagen. Die Erklärung bedarf der öffentlichen Beglaubigung. Der Standesbeamte soll der Frau die Erklärung mitteilen.

2. Mit dem Verlust des Mannesnamens erhält die Frau ihren Familiennamen wieder.

§ 57

Untersagung der Namensführung durch das Vormundschaftsgericht.

1. Macht die Frau fich nach der Scheidung einer schweren Verfehlung gegen den Mann schuldig, oder führt sie gegen seinen Willen einen ehrlosen oder unsittlichen Lebenswandel, so kann ihr das Vormundschaftsgericht auf Antrag des Mannes die Weiterführung seines Namens untersagen.

2. Abs. 1 gilt entsprechend, wenn die Frau nach Paragraph 55, Abs. 2, einen früheren Ehenamen wieder angenommen hat.

3. Der Beschluß, der die Weiterführung des Namens untersagt, wird erst mit der Rechtskraft wirksam. Die Frau erhält damit ihren Familiennamen wieder.

II. Unterhalt.

§ 58

a) Unterhaltspflicht bei Scheidung wegen Verschuldens.

1. Der allein oder überwiegend für schuldig erklärte Mann hat der geschiedenen Frau den nach den Lebensverhältnissen der Ehegatten angemessenen Unterhalt zu gewähren, soweit die Einkünfte aus dem Vermögen der Frau und die Erträgnisse einer Erwerbstätigkeit nicht ausreichen.

2. Die allein oder überwiegend für schuldig erklärte Frau hat dem geschiedenen Mann angemessenen Unterhalt zu gewähren, soweit er außerstande ist, sich selbst zu unterhalten.

§ 59

1. Würde der allein oder überwiegend für schuldig erklärte Ehegatte durch Gewährung des im Paragraphen 58 bestimmten Unterhalts bei Berücksichtigung seiner sonstigen Verpflichtungen den eigenen angemessenen Unterhalt gefährden, so braucht er nur so viel zu leisten, als es mit Rücksicht auf die Bedürfnisse und die Vermögens- und Erwerbsverhältnisse der geschiedenen Ehegatten der Billigkeit entspricht. Hat der Verpflichtete einem minderjährigen unverheirateten Kinde oder bei Wiederverheiratung dem neuen Ehegatten Unterhalt zu gewähren, so sind auch die Bedürfnisse und die wirtschaftlichen Verhältnisse dieser Personen zu berücksichtigen.

2. Der Mann ist unter den Voraussetzungen des Abs. 1 von der Unterhaltspflicht ganz befreit, wenn die Frau den Unterhalt aus dem Stamm ihres Vermögens bestreiten kann.

§ 60

Sind beide Ehegatten schuld an der Scheidung, trägt aber keiner die überwiegende Schuld, so kann dem Ehegatten, der sich nicht selbst unterhalten kann, ein Beitrag zu seinem Unterhalt zugebilligt werden, wenn und soweit dies mit Rücksicht auf die Bedürfnisse und die Vermögens- und Erwerbsverhältnisse des anderen Ehegatten und der nach Paragraph 63 unterhaltspflichtigen Verwandten des Bedürftigen der Billigkeit entspricht. Die Beitragspflicht kann zeitlich beschränkt werden; Paragraph 59, Abs. 1 Satz 2 findet entsprechende Anwendung.

b) Unterhaltspflicht bei Scheidung aus anderen Gründen

§ 61

1. Ist die Ehe allein aus einem der in den Paragraphen 44 bis 46 und 48 bezeichneten Gründe geschieden, und enthält das Urteil einen Schuldausspruch, so finden die Vorschriften der Paragraphen 58 und 59 entsprechende Anwendung.

2. Enthält das Urteil keinen Schuldausspruch, so hat der Ehegatte, der die Scheidung verlangt hat, dem anderen Unterhalt zu gewähren, wenn und soweit dies mit Rücksicht auf die Bedürfnisse und die Vermögens- und Einkommensverhältnisse der geschiedenen Ehegatten und der nach Paragraph 63 unterhaltspflichtigen Verwandten des Berechtigten der Billigkeit entspricht. Paragraph 59, Abs. 1, Satz 2 und Abs. 2 finden entsprechende Anwendung.

c) Art der Unterhaltsgewährung.

§ 62

1. Der Unterhalt ist durch Zahlung einer Geldrente zu gewähren. Die Rente ist monatlich im voraus zu entrichten. Der Verpflichtete hat Sicherheit zu leisten, wenn die Gefahr besteht, daß er sich seiner Unterhaltspflicht zu entziehen sucht. Die Art der Sicherheitsleistung bestimmt sich nach den Umständen.

2. Statt der Rente kann der Berechtigte eine Abfindung in Kapital verlangen, wenn ein wichtiger Grund vorliegt, und der Verpflichtete dadurch nicht unbillig belastet wird.

3. Der Verpflichtete schuldet den vollen Monatsbetrag auch dann, wenn der Berechtigte im Lauf des Monats stirbt.

§ 63

1. Der unterhaltspflichtige geschiedene Ehegatte haftet vor den Verwandten des Berechtigten. Soweit jedoch der Verpflichtete bei Berücksichtigung seiner sonstigen Verpflichtungen den eigenen angemessenen Unterhalt gefährden würde, haften die Verwandten vor dem geschiedenen Ehegatten. Soweit einem geschiedenen Ehegatten ein Unterhatlsanspruch gegen den anderen Ehegatten, nicht zusteht, haben die Verwandten des Berechtigten nach den allgemeinen Vorschriften über die Unterhaltspflicht den Unterhalt zu gewähren.

2. Die Verwandten haften auch, wenn die Rechtsverfolgung gegen den unterhaltspflichtigen Ehegatten im Inland ausgeschlossen oder erheblich erschwert ist. In diesem Falle geht der Anspruch gegen den Ehegatten auf den Verwandten über, der den Unterhalt gewährt hat. Der Übergang kann nicht zum Nachteil des Unterhaltsberechtigten geltend gemacht werden.

§ 64

Für die Vergangenheit kann der Berechtigte Erfüllung oder Schadenersatz wegen Nichterfüllung erst von der Zeit an fordern, in der der Unterhaltspflichtige in Verzug gekommen oder der Unterhaltsanspruch rechtshängig geworden ist, für eine länger als ein Jahr vor der Rechtshängigkeit liegende Zeit jedoch nur, soweit anzunehmen ist, daß der Verpflichtete sich der Leistung absichtlich entzogen hat.

d) Begrenzung und Wegfall des Unterhaltsanspruchs.

§ 65

Selbstverschuldete Bedürftigkeit.

1. Ein Unterhaltsberechtigter, der infolge sittlichen Verschuldens bedürftig ist, kann nur den notdürftigen Unterhalt verlangen.

2. Ein Mehrbedarf, der durch grobes Verschulden des Berechtigten herbeigeführt ist, begründet keinen Anspruch auf erhöhten Unterhalt.

§ 66

Verwirkung.

Der Berechtigte verwirkt den Unterhaltsanspruch, wenn er sich nach der Scheidung einer schweren Verfehlung gegen den Verpflichteten schuldig macht oder gegen dessen Willen einen ehrlosen oder unsittlichen Lebenswandel führt.

§ 67

Wiederverheiratung des Berechtigten.

Die Unterhaltspflicht erlischt mit der Wiederverheiratung des Berechtigten.

§ 68

Wiederverheiratung des Verpflichteten.

Bei Wiederverheiratung des Verpflichteten finden die Vorschriften des Paragraphen 1604 des Bürgerlichen Gesetzbuches über den Einfluß des Güterstandes auf die Unterhaltspflicht entsprechende Anwendung.

§ 69

Tod des Berechtigten.

1. Der Unterhaltsanspruch erlischt mit dem Tode des Berechtigten. Nur soweit er auf Erfüllung oder Schadenersatz wegen Nichterfüllung für die Vergangenheit gerichtet ist, oder sich auf Beträge bezieht, die beim Tode des Berechtigten fällig sind, bleibt er auch nachher bestehen.

2. Der Verpflichtete hat die Bestattungskosten zu tragen, soweit dies der Billigkeit entspricht und die Kosten nicht von den Erben zu erlangen sind.

§ 70

Tod des Verpflichteten.

1. Mit dem Tode des Verpflichteten geht die Unterhaltspflicht auf die Erben als Nachlaßverbindlichkeit über.

2. Der Erbe haftet ohne die Beschränkungen des Paragraphen 59. Der Berechtigte muß sich jedoch die Herabsetzung der Rente auf einen Betrag gefallen lassen, der bei Berücksichtigung der Verhältnisse des Erben und der Ertragsfähigkeit des Nachlasses der Billigkeit entspricht.

3. Eine nach Paragraph 60 einem Ehegatten auferlegte Beitragspflicht erlischt mit dem Tode des Verpflichteten.

e) Beitrag zum Unterhalt der Kinder.

§ 71

1. Hat ein geschiedener Ehegatte einem gemeinschaftlichen Kinde Unterhalt zu gewähren, so hat ihm der andere aus den Einkünften seines Vermögens und den Erträgnissen seiner Erwerbstätigkeit einen angemessenen Beitrag zu den Unterhaltskosten zu leisten, soweit diese nicht durch die Nutznießung am Kindesvermögen gedeckt werden. Der Anspruch ist nicht übertragbar.

2. Steht dem beitragspflichtigen Ehegatten die Sorge für die Person des Kindes zu, so kann er den Beitrag zur eigenen Verwendung für den Unterhalt des Kindes zurückbehalten.

f) Unterhaltsverträge.

§ 72

Die Ehegatten können über die Unterhaltspflicht für die Zeit nach der Scheidung der Ehe Vereinbarungen treffen. Ist eine Vereinbarung dieser Art vor Rechtskraft des Scheidungsurteils getroffen worden, so ist sie nicht schon deshalb nichtig, weil sie die Scheidung erleichtert oder ermöglicht. Sie ist jedoch nichtig, wenn die Ehegatten im Zusammenhang mit der Vereinbarung einen nicht oder nicht mehr bestehenden Scheidungsgrund geltend gemacht hatten, oder wenn sich anderweitig aus dem Inhalt der Vereinbarung oder aus sonstigen Umständen des Falles ergibt, daß sie den guten Sitten widerspricht.

g) Widerruf von Schenkungen.

§ 73

1. Ist ein Ehegatte für allein schuldig erklärt, so kann der andere Ehegatte Schenkungen, die er ihm während des Brautstandes oder während der Ehe gemacht hat, mit Ausnahme von solchen von unerheblichem Geld- oder Gefühlswert, widerrufen. Die Vorschriften des Paragraphen 531 des Bürgerlichen Gesetzbuches finden Anwendung.

2. Der Widerruf ist ausgeschlossen, wenn seit der Rechtskraft des Scheidungsurteils ein Jahr verstrichen ist oder wenn der Schenker oder der Beschenkte verstorben ist.

III. Das Verhältnis zu den Kindern.

§ 74

Sorge für die Person des Kindes

1. Ist die Ehe geschieden, so bestimmt das Vormundschaftsgericht, falls eine Einigung der Ehegatten nicht zustande gekommen ist, welchem von ihnen die Sorge für die Person des oder der gemeinschaftlichen Kinder zustehen soll. Die Einigung der Ehegatten ist in einem schriftlichen Vorschlag binnen einer Frist von zwei Wochen nach Rechtskraft des Scheidungsurteils dem Vormundschaftsgericht zur Genehmigung vorzulegen.

2. Ist der Vorschlag innerhalb der in Abs. 1 bestimmten Frist nicht vorgelegt worden, oder findet er nicht die Billigung des Vormundschaftsgerichts, so hat dasselbe diejenige Regelung zu treffen, die dem wohlverstandenen Interesse des oder der Kinder unter Berücksichtigung der gesamten Verhältnisse am besten entspricht. Es kann dabei auch mit den Kindern persönlich Fühlung nehmen.

3. Vor der Entscheidung sind die geschiedenen Ehegatten persönlich zu hören. Von der Anhörung soll nur abgesehen werden, wenn sie unmöglich ist.

4. Einem Ehegatten, der allein oder überwiegend für schuldig erklärt worden ist, soll die Sorge nur übertragen werden, wenn dies aus besonderen Gründen dem Wohl des oder der Kinder dient.

5. Das Vormundschaftsgericht kann die Sorge einem Pfleger übertragen, wenn dies aus besonderen Gründen für das Wohl des oder der Kinder erforderlich ist.

6. Das Vormundschaftsgericht kann die Regelung jederzeit ändern, wenn es dies im Interesse des Wohls des oder der Kinder für angezeigt hält.

§ 75

Persönlicher Verkehr mit den Kindern

1. Der Ehegatte, dem die Sorge für die Person eines gemeinschaftlichen Kindes nicht zusteht, behält die Befugnis, mit ihm persönlich zu verkehren.

2. Das Vormundschaftsgericht kann den Verkehr näher regeln. Es kann ihn für eine bestimmte Zeit oder dauernd ausschließen, wenn dies aus besonderen Gründen dem Wohl des Kindes dient.

F. Recht zum Getrenntleben nach Verlust des Scheidungsrechts

§ 76

Ist das Scheidungsrecht durch Verzeihung oder Fristablauf verlorengegangen, so sind die Rechte und Pflichten der Ehegatten so zu beurteilen als ob der verloren gegangene Scheidungsgrund niemals bestanden hätte.

III. Abschnitt: Härtemilderungsklage

§ 77

1. Gerichtliche Entscheidungen familienrechtlichen Inhalts, die auf Grund solcher Vorschriften des Gesetzes zur Vereinheitlichung des Rechts der Eheschließung und Ehescheidung im Lande Österreich und im übrigen Reichsgebiet vom 6. Juli 1938 (Reichsgesetzblatt I S. 807) ergangen sind, die weder im Bürgerlichen Gesetzbuch enthalten waren, noch in diesem Gesetz enthalten sind, sowie gerichtliche Entscheidungen, die ganz oder vorwiegend auf rassenmäßigen, politischen oder religiösen Gründen beruhen, können von jedem der durch die Entscheidung benachteiligten Ehegatten sowie den aus der Ehe hervorgegangenen Kindern und vom Staatsanwalt angefochten werden (Härtemilderungsklage).

2. Die Härtemilderungsklage ist innerhalb von zwei Jahren nach dem Inkrafttreten dieses Gesetzes vor demjenigen Gericht zu erheben, dessen rechtskräftige Entscheidung angefochten wird. Falls dies unmöglich oder untunlich ist, wird das zuständige Gericht von dem Präsidenten des Oberlandesgerichts bestimmt, in dessen Bezirk der Antragsteller seinen Wohnsitz hat.

3. Im Wege der Härtemilderungsklage kann der Anfechtungsberechtigte den Ausgleich unbillig erlittenen Schadens wirtschaftlicher Art und die Abstellung oder Milderung solcher Härten begehren, die ihn in seiner persönlichen Stellung beeinträchtigen.

4. Der Antrag auf Wiederherstellung einer für nichtig erklärten, aufgehobenen oder geschiedenen Ehe kann nicht gestellt werden.

5. Das Gericht entscheidet nach seinem durch Billigkeit bestimmten freien Ermessen und unter Berücksichtigung aller Umstände, die zur Benachteiligung des Anfechtungsberechtigten geführt haben; insbesondere kann es angemessene Entgeltung eines unbillig erlittenen Schadens für die Zeit seit Erlaß des angefochtenen Urteils gewähren und dem Antragsteller diejenigen Rechte zubilligen, die nach diesem Gesetz einem unschuldig geschiedenen Ehegatten zustehen.

6. Im übrigen finden auf die Härtemilderungsklage die Vorschriften der Zivilprozeßordnung sinngemäße Anwendung.

IV. Abschnitt: Zusätzliche Bestimmungen

§ 78

Die Paragraphen 1303 bis 1352, 1564 bis 1587, 1608 Abs. 2 und die Paragraphen 1635 bis 1637, 1699 bis 1704, 1771 Abs. 2, Satz 2, des Bürgerlichen Gesetzbuchs, Artikel II, Paragraphen 1 und 2 des Gesetzes gegen Mißbräuche bei der Eheschließung und der Annahme an Kindes Statt vom 23. November 1933 (Reichsgesetzblatt I S. 979) und Artikel 1 des Gesetzes über die Aenderung und Ergänzung familienrechtlicher Vorschriften, und über die Rechtsstellung der Staatenlosen vom 12. April 1938 (Reichsgesetzblatt I S. 380) bleiben aufgehoben.

§ 79

Das Gesetz zur Vereinheitlichung des Rechts der Eheschließung und Ehescheidung im Lande Oesterreich und im übrigen Reichsgebiet vom 8. Juli 1938 (Reichsgesetzblatt I S. 807) wird hiermit aufgehoben. Gleichermaßen aufgehoben sind alle Bestimmungen der zu seiner Durchführung ergangenen Gesetze, Verordnungen und Erlasse sowie diejenigen aller sonstigen Gesetze, welche mit dem gegenwärtigen Gesetz unvereinbar sind.

§ 80

Dieses Gesetz tritt am 1. März 1946 in Kraft.

Ausgefertigt in Berlin, den 20. Februar 1946.

(Die in den drei offiziellen Sprachen abgefaßten Originaltexte dieses Gesetzes sind von P. KOENIG, Armeekorps-General, G. SHUKOW, Marschall der Sowjetunion, Joseph McNARNEY, General, und H. M. BURROUGH, Admiral, unterzeichnet.)

Auszug aus dem Reichsgesetz für Jugendwohlfahrt vom 9. Juli 1922 (RGBl. I S. 633)

IV.

Stellung des Jugendamts im Vormundschaftswesen; Anstalts- und Vereinsvormundschaft

1. Amtsvormundschaft

a) Allgemeine Bestimmungen

§ 32. Das Jugendamt wird Vormund in den durch die folgenden Bestimmungen vorgesehenen Fällen (Amtsvormundschaft). Es kann die Ausübung der vormundschaftlichen Obliegenheiten einzelnen seiner Mitglieder oder Beamten übertragen. Im Umfang der Uebertragung sind die Mitglieder und Beamten zur gesetzlichen Vertretung der Mündel befugt.

§ 33. Auf die Amtsvormundschaft finden die Bestimmungen des Bürgerlichen Gesetzbuchs mit folgender Maßgabe Anwendung. Ein Gegenvormund wird nicht bestellt; dem Amtsvormund stehen die nach §§ 1852 bis 1854 des Bürgerlichen Gesetzbuchs zulässigen Befreiungen zu. Von der Anwendung ausgeschlossen sind die §§ 1788, 1801, 1835, 1836 Abs. 1 Satz 2 bis 4 und Abs. 2, 1837 Abs. 2, 1838, 1844 und 1886.

§ 1805 des Bürgerlichen Gesetzbuchs findet mit der Maßgabe Anwendung, daß die Anlegung von Mündelgeld gemäß § 1807 des Bürgerlichen Gesetzbuchs auch bei der das Jugendamt errichtenden Körperschaft zulässig ist. Hat das Jugendamt Aufwendungen zum Zwecke der Führung der Vormundschaft gemacht, so sind ihm diese aus dem Vermögen des Mündels zu ersetzen. Allgemeine Verwaltungskosten werden nicht ersetzt.

Der Amtsvormund hat auf das religiöse Bekenntnis oder die Weltanschauung des Mündels oder seiner Familie bei der Unterbringung Rücksicht zu nehmen.

§ 34. Die Landesgesetzgebung kann bestimmen, daß weitere Vorschriften des ersten Titels des dritten Abschnitts im vierten Buche des Bürgerlichen Gesetzbuchs, welche die Aufsicht des Vormundschaftsgerichts in vermögensrechtlicher Hinsicht betreffen, gegenüber dem Amtsvormund außer Anwendung bleiben. Die Prüfung der Schlußrechnung und die Vermittlung ihrer Abnahme durch das Vormundschaftsgericht bleiben hiervon unberührt.

b) Gesetzliche Amtsvormundschaft

§ 35. Mit der Geburt eines unehelichen Kindes erlangt das Jugendamt des Geburtsorts die Vormundschaft.

Bis zum Eingreifen des zuständigen Vormundschaftsgerichts hat das Amtsgericht des Geburtsorts die erforderlichen vormundschaftsgerichtlichen Maßnahmen zu treffen.

Auf uneheliche deutsche Kinder, die im Ausland geboren sind und im Deutschen Reiche ihren Aufenthalt nehmen, finden, falls eine deutsche Vormundschaft noch nicht eingeleitet ist, die Bestimmungen von Abs. 1 mit der Maßgabe Anwendung, daß das nach § 7 dieses Gesetzes zuständige Jugendamt die Vormundschaft erlangt.

§ 36. Der Standesbeamte hat die nach § 48 des Reichsgesetzes über die Angelegenheiten der freiwilligen Gerichtsbarkeit vom 17. und 20. Mai 1898 (Reichsgesetzbl. S. 189/771) dem Vormundschaftsgericht zu erstattende Anzeige über die Geburt eines unehelichen Kindes dem Jugendamt zu übersenden. Dieser Anzeige ist eine Mitteilung über das religiöse Bekenntnis anzufügen. Das Jugendamt hat unter Weiterreichung der Geburtsanzeige den Eintritt der Vormundschaft dem Vormundschaftsgericht unverzüglich anzuzeigen.

§ 37. Das Vormundschaftsgericht hat dem Jugendamt unverzüglich eine Bescheinigung über den Eintritt der Vormundschaft zu erteilen, die bei der Beendigung der Vormundschaft zurückzugeben ist.

§ 38. Auf Antrag des Jugendamts oder einer unverehelichten Mutter kann für eine Leibesfrucht ein Pfleger bestellt werden, auch wenn die Voraussetzung des § 1912 Satz 1 des Bürgerlichen Gesetzbuchs nicht gegeben ist. Der Pfleger wird mit der Geburt des Kindes im Einverständnis mit dem Jugendamt Vormund. In diesem Falle findet § 35 keine Anwendung. Die

Vormundschaft wird bei dem Vormundschaftsgericht geführt, bei dem die Pflegschaft anhängig war.

§ 39. Sobald es das Wohl des Mündels erfordert, soll das die Vormundschaft führende Jugendamt bei dem Jugendamt eines anderen Bezirkes die Weiterführung der Vormundschaft beantragen. Der Antrag kann auch von dem Jugendamt eines anderen Bezirks sowie von der Mutter und von einem jeden, der ein berechtigtes Interesse des Mündels geltend macht, gestellt werden. Das die Vormundschaft abgebende Jugendamt hat den Uebergang dem Vormundschaftsgericht unverzüglich anzuzeigen.

Gegen die Ablehnung des Antrags kann das Vormundschaftsgericht angerufen werden.

§ 40. Das Vormundschaftsgericht hat das Jugendamt auf seinen seinen Antrag als Amtsvormund zu entlassen und einen Einzelvormund zu bestellen, soweit dies dem Wohle des Mündels nicht entgegensteht.

c) Bestellte Amtsvormundschaft

§ 41. Das Jugendamt kann unter den Voraussetzungen des § 1773 des Bürgerlichen Gesetzbuchs mit seinem Einverständnis vor den im § 1776 des Bürgerlichen Gesetzbuchs als Vormünder berufenen Personen zum Vormund für einen Minderjährigen bestellt werden, soweit nicht ein geeigneter anderer Vormund vorhanden ist.

Auf die bestellte Amtsvormundschaft finden die §§ 1789 und 1791 des Bürgerlichen Gesetzbuchs keine Anwendung. Die Bestellung erfolgt durch schriftliche Verfügung des Vormundschaftsgerichts.

2. Stellung des Jugendamts zum Vormundschaftsgericht und zur Einzelvormundschaft

§ 42. Das Jugendamt ist Gemeindewaisenrat. § 11 gilt entsprechend. Die Landesgesetzgebung kann örtliche Einrichtungen zur Unterstützung des Jugendamts in den Geschäften des Gemeindewaisenrats treffen.

§ 43. Das Jugendamt hat das Vormundschaftsgericht bei allen Maßnahmen zu unterstützen, welche die Sorge für die Person Minderjähriger betreffen, insbesondere durch Begutachtung bei der Festsetzung von Geldrenten für den Unterhalt Minderjähriger. Vor Entscheidungen in den Fällen des § 1635 Abs. 1 Satz 2, des § 1666, des § 1727, des § 1728 Abs. 2, des § 1729 Abs. 2, des § 1750 Abs. 1 und des § 1751 Abs. 2 des Bürgerlichen Gesetzbuchs muß das Vormundschaftsgericht das zuständige Jugendamt hören. Bei Gefahr im Verzuge kann das Vormundschaftsgericht einstweilige Anordnungen auch schon vor Anhörung des Jugendamts treffen. Es kann das Jugendamt mit der Ausführung der Anordnungen aus § 1631 Abs. 2, § 1636 Satz 2 des Bürgerlichen Gesetzbuchs und sonstiger Anordnung mit dessen Einverständnis betrauen.

Das Landesjugendamt kann auf Antrag des Jugendamts Mitglieder oder Beamte des Jugendamts ermächtigen, Beurkundungen gemäß §§ 1718 und 1720 Abs. 2 des Bürgerlichen Gesetzbuchs vorzunehmen, sowie die im § 1706 Abs. 2 des Bürgerlichen Gesetzbuchs bezeichneten Erklärungen entgegenzunehmen und zu beglaubigen.

§ 44. Das Jugendamt soll die Bestellung einer Einzelperson als Vormund beantragen, wenn dies dem Interesse des Mündels förderlich erscheint. Es kann auch die Bestellung eines Mitvormundes für einen bestimmten Wirkungskreis beantragen.

Die Bestellung kann von einem jeden, der ein berechtigtes Interesse des Mündels geltend macht, und von diesem selbst, wenn es das 14. Lebensjahr vollendet hat, beantragt werden. Sie kann auch von Amts wegen erfolgen. Vor der Entscheidung soll das Vormundschaftsgericht das Jugendamt und tunlichst die Mutter des Mündels hören.

§ 45. Das Jugendamt hat die Vormünder, Beistände und Pfleger seines Bezirkes plangemäß zu beraten und bei der Ausübung ihres Amtes zu unterstützen. Die näheren Bestimmungen hierüber werden nach § 13 Abs. 1 Nr. 1 und § 15 getroffen. § 11 gilt entsprechend.

3. Mitvormundschaft, Gegenvormundschaft, Pflegschaft und Beistandschaft des Jugendamts

§ 46. Die vorstehenden Bestimmungen gelten entsprechend für die Bestellung des Jugendamts zum Mitvormund, Gegenvormund, Pfleger oder Beistand und für die Uebertragung einzelner Rechte und Pflichten eines Vormundes auf das Jugendamt.

4. Anstalts- und Vereinsvormundschaft

§ 47. Vorstände von Anstalten, die unter der Verwaltung des Staates oder einer öffentlichen Körperschaft stehen, sowie Vorstände solcher privaten Anstalten oder Vereine, die vom Landesjugendamte für geeignet erklärt sind, können auf ihren Antrag zu Vormündern bestellt werden (Anstalts- oder Vereinsvormundschaft). Auch können sie zu Pflegern oder Beiständen bestellt werden. Ebenso können ihnen einzelne Rechte und Pflichten des Vormundes übertragen werden. Das Jugendamt muß in den Fällen, in denen der Minderjährige von ihm bevormundet oder versorgt ist, vorher gehört werden.

Auf die Anstalts- und Vereinsvormundschaft finden die Bestimmungen der §§ 33, 40, 41 und 44 mit der Maßgabe Anwendung, daß ein Gegenvormund bestellt werden kann. Insbesondere ist die Bestellung eines Jugendamts zum Gegenvormunde zulässig.

§ 48. Artikel 136 des Einführungsgesetzes zum Bürgerlichen Gesetzbuch und die §§ 1783, 1887 des Bürgerlichen Gesetzbuchs werden aufgehoben. Dem § 1784 des Bürgerlichen Gesetzbuchs wird folgender Abs. 2 angefügt: „Diese Erlaubnis darf nur versagt werden, wenn ein wichtiger dienstlicher Grund vorliegt."

Dem § 1786 Nr. 1 des Bürgerlichen Gesetzbuchs werden die Worte hinzugefügt: „welche zwei und mehr noch nicht schulpflichtige Kinder besitzt oder glaubhaft macht, daß die ihr obliegende Fürsorge für ihre Familie die Ausübung des Amtes dauernd besonders erschwert".

Sachregister

Die Ziffern beziehen sich auf die Seiten

Kolibri 360 GmbH
Ferdinand-Jühlke-Straße 7
99095 Erfurt, Deutschland
produktsicherheit@kolibri360.de